Gestores de Pessoas

Os Impactos das Transformações no Mercado de Trabalho

LEYLA NASCIMENTO

Gestores de Pessoas

Os Impactos das Transformações no Mercado de Trabalho

Copyright© 2006 by Leyla Nascimento

Todos os direitos desta edição reservados à Qualitymark Editora Ltda.
É proibida a duplicação ou reprodução deste volume, ou parte do mesmo,
sob qualquer meio, sem autorização expressa da Editora.

Direção Editorial SAIDUL RAHMAN MAHOMED editor@qualitymark.com.br	Produção Editorial EQUIPE QUALITYMARK
Capa WILSON COTRIM	Editoração Eletrônica MS EDITORAÇÃO

CIP-Brasil. Catalogação-na-fonte
Sindicato Nacional dos Editores de Livros, RJ

N196g

  Nascimento, Leyla

   Gestores de pessoas : os impactos das transformações no mercado de trabalho / Leyla Nascimento. – Rio de Janeiro : Qualitymark, 2006
   132p.:

   Inclui bibliografia
   ISBN 85-7303-657-5

   1. Administração de pessoal. 2. Recursos humanos. 3. Mercado de trabalho. I. Título.

06-2785   CDD 658.3
                                                                                                      CDU 658.3

2006
IMPRESSO NO BRASIL

Qualitymark Editora Ltda. Rua Teixeira Júnior, 441 São Cristóvão 20921-405 – Rio de Janeiro – RJ Tel.: (0XX21) 3094-8400	Fax: (0XX21) 3094-8424 www.qualitymark.com.br E-Mail: quality@qualitymark.com.br QualityPhone: 0800-263311

Agradecimentos

Ao Dr. Daniel G. Sydenstricker, Presidente do Centro de Integração Empresa-Escola do Rio de Janeiro, período 1999-2004, grande incentivador do meu trabalho e do meu mestrado, cuja dissertação inspirou este livro.

Ao meu orientador de mestrado, Prof. Lamounier Erthal, pelos ensinamentos que valerão por toda a minha vida.

Ao Nelson Savioli, Superintendente Executivo da Fundação Roberto Marinho e Presidente do Conselho Deliberativo da ABRH-RJ, que tenho a honra de tê-lo no prefácio deste livro.

À Profª Fany Malin Tchaicovsck, da Universidade Federal do Rio de Janeiro, pelo apoio e contribuição.

Ao Francisco Gomes de Matos, escritor e consultor, que muito me incentivou a seguir em frente neste projeto.

Ao Maurício Mesquita, competente pesquisador, que contribuiu na formulação e na estrutura da pesquisa de campo.

Às unidades do Centro de Integração Empresa-Escola que possibilitaram a aplicação da pesquisa nas principais cidades brasileiras.

Aos Gestores que participaram das entrevistas estruturadas, o meu reconhecimento e gratidão.

Ao amigo Saidul Mahomed, pelo incentivo permanente na finalização deste meu primeiro livro.

Dedicatória

Aos meus amados filhos Débora e Marcelo, razões da minha existência, pela maneira inspiradora com que demonstram o seu amor de filhos, sendo presenças constantes no curso de minha vida.

Ao meu genro Angelo José pelo incentivo e carinho de sempre.

À minha mãe Maria, pelo exemplo de mulher guerreira e à frente de seu tempo.

Ao Antonio José, uma estrela no céu e na minha vida, que me permitiu ser.

Prefácio

Se o deus grego *vivesse* neste século, provavelmente um dos "Doze Trabalhos de Hércules" seria transpor, de forma inteligível, uma dissertação de mestrado para a leitura do grande público. Não é tarefa fácil. Como determinados setores relativamente homogêneos, a universidade tem seus ritos e códigos de conduta em busca de uma *gramática* uniforme para sua comunicação. Já o conjunto dos diversos públicos que compõem a sociedade, pela sua heterogeneidade, demanda uma linguagem que, no mínimo, fale de forma simples e direta, com um vocabulário o mais democrático possível.

Esse foi o desafio que Leyla do Nascimento enfrentou, com sucesso, ao escrever este "Gestores de Pessoas", adaptando sua dissertação de mestrado "As Competências Exigidas nos Processos de Recrutamento e Seleção", aprovada pela Escola Brasileira de Administração Pública e de Empresas, da Fundação Getúlio Vargas.

O livro tem uma ótima certidão de nascimento: as análises e as conclusões da autora são lastreadas em anos de pesquisas realizadas como gestora do Centro de Integração Empresa-Escola do Rio de Janeiro, com os principais atores do mercado de trabalho e com o fluxo de dezenas de milhares de estagiários que, nos últimos quinze anos, usaram a entidade para atravessar a ponte entre o mundo do saber e o mundo do fazer.

Uma pesquisa mais específica, feita com a cooperação dos escritórios do CIEE em outros estados, que ouviu 400 representantes de empresas e de universidades em São Paulo, Rio de Janeiro, Belo Horizonte, Porto Alegre, Curitiba, Salvador e Recife, permitiu garimpar quais são as competências desejadas pelos empregadores, comparando-as com as competências que os profissionais relatam terem sido exigidas no processo seletivo.

Mas Leyla não se contentou com essa ampla investigação. Ela obteve de um punhado gestores de pessoas um conjunto de posicionamentos sobre grau de instrução, competências e sua influência na mobilidade e ascensão profissional do brasileiro.

Portanto, ela juntou pesquisa de campo com *feeling*, experiência e percepções de especialistas em Recursos Humanos para adubar suas conclusões. A multivisão apresentada nesta obra é uma manifestação do seu perfil – pessoal, profissional e comunitário.

Leyla liderou o CIEE-RJ há anos, com inovação e resultados crescentes, que construíram a sólida imagem que a instituição desfruta junto às empresas, às universidades, agências governamentais, à mídia e, principalmente, junto aos profissionais que são a razão de ser do mercado de trabalho. E ainda encontra tempo e motivação para presidir, com brilhantismo, a Associação Brasileira de Recursos Humanos, a ABRH-RJ.

Recebeu uma entidade que estava já num bom patamar de realizações e de representatividade no seio da classe de gestores de talentos, nem sempre unida ou antenada com as transformações da sociedade, e conseguiu alavancar uma nova curva de crescimento, tocando a alma de associados, parceiros e *stakeholders*. Congressos estaduais considerados de nível internacional pelos críticos mais rigorosos; interiorização da entidade para torná-la verdadeiramente estadual; instalar uma biblioteca de RH com os livros mais importantes dos últimos três anos; colocar eventos na praça pública para apoio à trabalhabilidade da população – são apenas uma amostra de como ela tem renovado a ABRH-RJ no triênio que se encerra no final de 2006.

Na festa comemorativa dos 40 anos da ABRH-RJ, ao elogiar sua vitoriosa gestão, atribuí ao perfil de liderança o seu fator crítico de sucesso para atrair, motivar e desenvolver equipes. Creio que ela é um amálgama de *Napoleão Bonaparte* com *Madre Tereza de Calcutá*. Explico: do famoso corso, ela tem a astúcia estratégica, a determinação para operacionalizar seus planos, a grandeza para reconhecer até singelas contribuições, o senso prático que não prescinde de uma boa teoria; da militante do bem, ela tem a calma para tratar até com os presunçosos, a crença de que milagres – sim – podem acontecer, a habilidade para descobrir voluntários no meio de empedernidos *workaholics*.

Essa notável folha de bons serviços prestados poderia dar uma ilusão de saciedade para a maioria de nós. Não para a Leyla. A cada desafio domado, ela coloca a sua linha do horizonte um pouco mais além.

"Gestores de Pessoas" amplia, ainda mais, o leque de atuação da Leyla. A partir de agora, também como a autora relevante que publica e discute gestão de pessoas na roda-viva da sociedade do conhecimento, que ora testemunhamos. Além do seu denso conteúdo e das provocações que certamente motivará em estudiosos e praticantes do *people management*, esta obra fortalece o time dos livros que se fundamentam, ao mesmo tempo e de forma integrada, em pesquisa de qualidade e muita quilometragem na carreira.

Nelson Savioli
Superintendente Executivo da Fundação Roberto Marinho e
Presidente do Conselho da ABRH-RJ.

Sumário

Um Tributo às Lideranças 1

Introdução 5

Capítulo 1: **Os Impactos das Transformações no Universo Organizacional** 11
    Conhecimento: Valor Econômico Determinante 12
    Educação e Trabalho 18
    Os Impactos das Transformações 20

Capítulo 2: **A Sociedade e suas Leituras** 25
    As Características da Sociedade 26
    A Sociedade Brasileira 32

Capítulo 3: **Aprofundando as Características da Sociedade** 37
    Instituições Produtoras de Conhecimento 38
    Tecnologia com Inteligência e Criatividade 42
    Qualidade da Nova Força de Trabalho 43
    Poder de Atuação das Empresas Globais 45
    Trabalhadores do Conhecimento 47
    Ensino Superior como Mobilidade Econômica 48

Capítulo 4: **Centrados nas Regras do Mercado** 51
    Sociedade com Foco no Mercado 52
    Transformações nos Perfis 55
    Práticas Globais de Recursos Humanos 58

Capítulo 5: **Uma Visão do Brasil em Campo** 61
    O que Dizem as Principais Cidades Empregadoras? 62
    As Transformações na Visão dos Gestores de Pessoas 68

Capítulo 6: **Definindo os Papéis** 91
    A Educação 92
    As Empresas 93
    Os Profissionais de Recursos Humanos 95

Capítulo 7: **Conclusões** 97

Tributo ao Jovem Estudante 107

Bibliografia 111

Um Tributo às Lideranças

Georges Friedmann abre seu livro "O Trabalho em Migalhas" (1964/65), com o discurso de um operário francês, em 1848, Anthime Corbon, então Vice-Presidente da Assembléia Constituinte da França, que considero bastante apropriado para iniciar a apresentação deste meu trabalho.

Corbon faz-nos ver que os líderes visionários conseguem não somente estar à frente do seu tempo, como também reúnem uma competência intangível de sensibilidade, de leitura de cenários e de ações que qualificam tudo aquilo que eu gostaria de transferir, aqui, para os que estudam o assunto.

> *"Talvez a divisão do trabalho seja, apesar de tudo, um mal necessário. Tendo o trabalho alcançado seu último limite de simplificação, a máquina toma o lugar do homem e o homem retoma um outro trabalho mais complicado, do qual se ocupa logo a seguir, dividindo-o, simplificando-o, com o objetivo de novamente transformá-lo num trabalho de máquina, e assim por diante. De maneira que a máquina invade, cada vez mais, o campo da ação do operário manual, e que, levando o sistema às suas últimas conseqüências, a função do trabalhador se tornaria cada vez mais intelectual. Este ideal me agrada muito; mas a transição é muito penosa, pois é preciso, antes de ter encontrado as máquinas, que o operário, devido à simplificação do trabalho, se torne, ele próprio, máquina e sofra as conseqüências deploráveis de uma necessidade embrutecedora. Aceitemos, pois, a divisão do trabalho lá onde se mostrou necessária, mas com a esperança de que a mecânica se encarregará cada vez mais dos trabalhos simplificados; e reivindiquemos para os trabalhadores desta classe, com não menos ardor do que para os trabalhadores de outras classes, um ensino que não só os salve do embotamento, mas, acima de tudo, que os instigue a encontrar o meio de comandar a máquina, ao invés de serem eles mesmos a máquina comandada."*

As lideranças, independentemente das áreas a que pertençam, estão sendo convidadas a entender o mundo do trabalho, as suas formas e contornos, buscando alternativas que garantam a longevidade da organização. As possíveis soluções, em boa parte, encontram suas respostas no mundo educacional.

Como tão bem abordado pelo operário Anthime, a educação é a grande responsável em tornar o trabalho plenamente atualizado com a época em que se situa, permitindo "arejar" os ambientes organizacionais com recursos humanos qualificados e com metodologias de gestão que garantam a sua competitividade. Sem a educação temos uma bússola, mas falta-nos o mapa. Quando não sabemos para onde ir, de que vale a intenção?

Introdução

Certamente, a nossa geração não imaginava a velocidade com que as transformações no mundo dos negócios, as revoluções tecnológicas, desta sociedade dita pós-industrial, centrada no conhecimento, e os aspectos inerentes à globalização da economia pudessem influir de uma maneira tão incisiva em nossas vidas.

Não nos dávamos conta de que toda essa repercussão atingiria o nosso modo de ser e, em especial, a futura vida profissional. Somos levados a rever as profissões, retornar aos bancos escolares e imbuir-nos da certeza de que imergimos na condição de estudantes permanentes. O conhecimento adquirido, hoje, não é garantia do dia de amanhã.

Essa realidade não é diferente na esfera organizacional, que adota modelos de gestão cada vez mais mutáveis, fazendo com que os organogramas sejam refeitos, à medida que as transformações no mercado de trabalho delineiem novos perfis de ocupações e postos de trabalho.

As diferentes formas das relações trabalhistas não se restringem mais a um emprego de carteira assinada, pois agora contempla também a terceirização, quarteirização, as cooperativas e o empreendedorismo.

> "Não nos dávamos conta de que toda essa repercussão atingiria o nosso modo de ser e, em especial, a futura vida profissional."

Atuando há mais de vinte anos no âmbito do universo educação e trabalho, não poderia deixar de registrar, neste livro, a experiência vivida junto às áreas de recursos humanos, no acompanhamento das necessidades de suprir empresas de profissionais qualificados, investindo em alternativas futuras de preparação e capacitação de pessoas, como o desenvolvimento de programas de estágios de estudantes e *trainee*.

O nível de exigência dessas empresas, ao captar profissionais no mercado de trabalho, não se limita às competências adquiridas por eles no ambiente acadêmico, envolve também as habilidades pessoais e cursos extracurriculares.

Através da ABRH – Associação Brasileira de Recursos Humanos, também tenho tido a oportunidade de trocar experiências com os meus colegas da área, levando-me ao propósito de aprofundar meus estudos sobre as interferências no mercado de trabalho e de analisar até que ponto, à luz da sociedade pós-industrial, ou seja, na sociedade em que estamos vivendo estas competências estão sendo exigidas pelas empresas, quando da captação e seleção de seus quadros profissionais.

> "Com esse olhar de depuração, ratifiquei o quanto nos falta, como gestores de pessoas, entender e fazer a leitura dos cenários da sociedade em que vivemos."

Para tratar desse tema, revelo o que identifiquei como as principais competências da Sociedade Pós-Industrial a partir de um estudo em meu Mestrado pela FGV – Fundação Getulio Vargas, do Rio de Janeiro, mostrando o quanto são mutáveis, a partir das influências do mercado de trabalho, quando muitas vezes os profissionais são levados ao abandono de suas aptidões pessoais para atender ao imediatismo *on real time*.

Depurando as interferências dessas influências, no recrutamento de recursos humanos, pude identificar as competências globais, que são oriundas de características pessoais e profissionais requeridas pelas empresas em sua política de seleção de candidatos. Os programas de estágios e de *trainee* também foram tratados, por serem considerados como captação de futuros talentos profissionais das organizações.

Com esse olhar de depuração, ratifiquei o quanto nos falta, como gestores de pessoas, entender e fazer a leitura dos cenários da sociedade em que vivemos. Ainda temos uma grande dificuldade de análise e contextualização destes nossos tempos, para estabelecer uma linha de trabalho, de forma bastante estratégica, de modo que nossas organizações ganhem longevidade e sustentabilidade em seus negócios.

Recursos humanos alinhados à estratégia maior da organização não podem mais ser uma falácia, mas o pleno entendimento de que as pessoas determinam a perpetuidade ou não do sucesso de um empreendimento. Ouso dizer que o resto, recursos materiais, tecnologia e, até mesmo, distribuição e logística, está na periferia desta cadeia de valor.

Daniel Bell, um teórico e estudioso no tema, apresenta uma análise dessas características. Ele faz um amplo estudo, desde o período pré-industrial até o pós-industrial. A partir deste entendimento, foram selecionadas as características que poderiam corroborar na identificação da influência dessas transformações, de forma a aprofundá-las com outros autores.

Dentro das características identificadas por Bell, selecionei aquelas que interferem diretamente nas transformações que impactam as organizações: as instituições básicas, os recursos principais, a estrutura profissional, o local típico e o fator de mobilidade.

Investigar elementos da "sociedade centrada no mercado", tratada por alguns teóricos, também foi importante de modo a entendermos que, se o conhecimento na sociedade pós-industrial está ligado diretamente ao poder econômico, as demandas e exigências passam por uma "adaptação" ao que o mercado exige.

O Brasil ainda tem muito a caminhar no campo da pesquisa e os profissionais, líderes e formadores de opinião precisam dar um outro tratamento a isto. É impossível continuarmos na formulação de teorias e estratégias sem estarmos fundamentados em pesquisas. A "era do achismo" não tem mais lugar no campo profissional. Não devemos, enquanto gestores, ser "cegos guiando outros cegos".

Acreditando nesta premissa, fundamentei todas estas minhas inquietações, buscando através de uma pesquisa de campo, formulada com questionários e entrevistas estruturadas, coletar opiniões dos profissionais de recursos humanos, gestores de pessoas, educadores e estudantes, de modo que as informações obtidas pudessem subsidiar a análise sobre o tema.

A pesquisa de campo, por meio de 400 questionários, realizada em 2001, deu-se a partir da estratificação em sete regiões metropolitanas do Brasil, cujas cidades apresentam o maior percentual de emprego formal no país, tendo como fonte a Geografia de Mercado.

> "É impossível continuarmos na formulação de teorias e estratégias sem estarmos fundamentados em pesquisas."

Através das entrevistas estruturadas com os gestores de pessoas e reitores, acrescendo-se mais 8 gestores entrevistados em 2006, foi possível o entendimento estratégico destas lideranças sobre a leitura que fazem dessas transformações e suas organizações.

Como educadora e profissional identificada com a causa de recursos humanos e da importância dos gestores de pessoas, atenta ao papel formador e de qualificação das pessoas que estão sob minha liderança, compartilho com os meus pares e com os que, como eu, estudam este campo, as minhas angústias e alegrias de que nada seremos, enquanto líderes e educadores, se não buscarmos um caminho para atenuar e encontrar alternativas para todos os impactos que interferem diretamente nas organizações e nos profissionais oriundos desses cenários mutantes.

> "As minhas angústias e alegrias de que nada seremos, enquanto líderes e educadores, se não buscarmos um caminho para atenuar e encontrar alternativas para todos os impactos que interferem diretamente nas organizações e nos profissionais oriundos desses cenários mutantes."

Capítulo 1
Os Impactos das Transformações no Universo Organizacional

Conhecimento: Valor Econômico Determinante

As rápidas transformações no mundo dos negócios, as revoluções tecnológicas, a sociedade pós-industrial centrada no conhecimento, os aspectos inerentes à globalização da economia[1] têm levado as organizações a repensarem os seus recursos humanos e a exigirem competências que, na maioria das vezes, os profissionais não estão com a qualificação almejada para atender.

Para provocar uma discussão sobre o que se passa nas empresas, no tocante aos seus recursos humanos, este livro trata de acontecimentos que poderão contribuir para elucidar o grau dessa interferência nos universos educação e trabalho, cujos desafios levam as organizações a reverem sua atuação nos segmentos em que atuam, sendo o capital humano[2] amplamente discutido em todas as esferas organizacionais.

No artigo intitulado "As Mudanças no Conceito de Capacidade Empresarial – Identificação de Critérios para sua Reavaliação", Villela e Leôncio (2000:3) abordam as discussões e debates teóricos sobre as transformações que vêm ocorrendo nas organizações tanto no tocante à ambiência como à absorção da mão-de-obra:

A natureza mais qualitativa da demanda por mão-de-obra, no denominado núcleo formal de trabalho, também está se alterando. Até recentemente, a noção de trabalho era baseada em princípios tayloristas/ fordistas, hoje decadentes. Atualmente valorizam-se a capacidade de trabalho e o estoque de conhecimentos de cada indivíduo.

No que se refere ao "estoque de conhecimentos" posso dizer que se encontra, na sua maioria, no âmbito da formação acadêmica; porém, no tocante à valorização da "capacidade de trabalho", é competência para ser identificada e que, nestes dias, se aponta como o "calcanhar-de-aquiles" da área de gestão de pessoas.

---

[1] Diretriz econômica aceita por muitos países, fundamentada por livre produção e comercialização de produtos primários e industriais, com um mínimo de barreiras alfandegárias.
[2] O capital humano também é definido por alguns autores como capital intelectual.

Recorrendo a Morin (1999:28), ele diz que

> *O acontecimento é duplamente rico porque permite estudar os processos evolução-involução que desencadeia e porque, quando não se trata de um cataclismo natural, é também desencadeado pela dialética de evolução-involução que trama o futuro das sociedades.*

O que se evidencia, neste campo de estudo sobre as transformações da sociedade, em que se ditam novas regras para o mercado de trabalho, e nas repercussões que acarretam o delineamento de novas formas de recrutamento e seleção de profissionais pelas empresas, geram um repensar sobre a condução dessas novas formas de relação.

E, dentro dessa análise, deve-se buscar os elementos da sociedade pós-industrial, identificando os impactos decorrentes sobre os profissionais, empresas e universidades, entendendo que essa trilogia é fundamental e deve ser aprofundada, face ao aumento das exigências no processo de recrutamento de profissionais, estagiários e recém-formados pelas áreas de recursos humanos das empresas.

Quanto a obter profissionais brasileiros, preparados para esse mercado dito global[3], tem sido um desafio para as áreas de recursos humanos. Entre o que se forma dentro das universidades e o exigido pelas organizações há hiatos e lacunas difíceis de preencher dentro de um período estabelecido de educação formal.

> "Deve-se buscar os elementos da sociedade pós-industrial, identificando os impactos decorrentes sobre os profissionais, empresas e universidades, entendendo que essa trilogia é fundamental e deve ser aprofundada."

O conhecimento relaciona-se, direta e essencialmente, com o ser humano que reage e atua na sociedade, a partir do acesso que tem ou não à educação e à sua iniciativa de buscar o seu aprimoramento constante, através da capacidade de "aprender a aprender".

O conhecimento é considerado, pelas empresas que atuam em mercado global, como um recurso econômico determinante e não se restrin-

---
[3] É o potencial mundial de negócios (Keegan, Green, 1999:2).

ge ao uso simples de um equipamento de alta tecnologia, principalmente naqueles profissionais que são capazes de transformar o conhecimento em benefício para o cliente ou para a sociedade.

Segundo Chiavenato (1996:85),

> *Todas essas transformações denotam que os contornos daquilo que o mundo será nos próximos anos já começam a definir-se através de cinco fatores fundamentais que provavelmente dominarão o mundo das empresas no século XXI:*
> - *Tecnologia.*
> - *Informação.*
> - *Globalização.*
> - *Serviços.*
> - *Conhecimento.*

Tais mudanças efetivamente produzirão nas organizações e nas pessoas uma postura de aprendizagem permanente que reúne elementos muito bem caracterizados por Daniel Bell.

Do ponto de vista da empresa, Peter Drucker (1993:139), também, chamou a atenção para a importância de se permanecer sobrevivente nesse mercado global a partir do conhecimento, quando disse que:

> *Na verdade, as indústrias tradicionais que conseguiram crescer nos últimos quarenta anos fizeram isso porque se reestruturaram em torno do conhecimento e da informação.*

Os modelos de gestão sofreram alterações nas empresas, que desde cedo perceberam que precisavam envolver os seus colaboradores numa estrutura mais flexível e arejada, onde a informação flua por todos os ambientes.

Daí surgiu com grande ênfase o crescimento de iniciativas de criação de universidades corporativas. Este modelo propiciou e ainda propicia a vantagem de preparar e qualificar as grandes massas de trabalhadores nos ambientes virtuais de suas próprias organizações.

Mas, o que é sobreviver num mercado global? A corrida das empresas em busca de sua competitividade leva à adoção de estratégias onde a transferência do conhecimento e o pleno domínio do seu negócio passam necessariamente por uma política de recursos humanos que esteja alinhada com o pensamento dos acionistas e *stakeholders*. A partir deste entendimento, a questão hoje é: como tornar a área de recursos humanos estratégica e alinhada ao negócio da organização?

Durante todos estes anos, as áreas de recursos humanos ficaram à margem do negócio da empresa, provocando um esvaziamento em sua missão maior de dotar a organização de meios que promovam o desenvolvimento de pessoas e políticas eficazes de recrutamento, seleção e retenção de talentos, de acordo com as demandas oriundas dos ajustes e alinhamentos constantes que as organizações estão efetuando para atender às mudanças de hábitos de seus clientes, ajustes econômicos de seus produtos, inovação, valores agregados, logística e distribuição e tantos outros aspectos que gravitam em torno do melhor resultado para o negócio.

Uma área de recursos humanos, que não se descobriu como peça integrante desta engrenagem, certamente estará delegando às outras áreas que o façam. É bem verdade que a política de recursos humanos flui pela empresa. E os líderes são fundamentais para que sejam implementadas com êxito estas políticas junto a todos os colaboradores. Mas, o papel de criar e monitorar estas políticas não pertence a nenhuma outra área que não seja a de recursos humanos.

> "A questão hoje é: como tornar a área de recursos humanos estratégica e alinhada ao negócio da organização?"

Isto parece redundância, mas não é. Ainda ouvimos discursos evasivos sobre o papel de recursos humanos, havendo até alguns apologistas de sua extinção. Mas, qual área cuidará de dotar as organizações de profissionais que possam efetivamente manter o resultado *on time*?

Outro ponto fundamental nesta análise é o da educação. O Brasil distanciou-se de uma formação consoante com a demanda do seu desenvolvimento econômico. Vivemos uma dúbia realidade de ter um ensino fragmentado, em disciplinas, que não ajuda na análise do todo, do pensar global, quando as organizações pensam estrategicamente, na avaliação sistêmica, na análise de cenários que corrijam as rotas.

Há de se repensar a educação, pois segundo Moura, Marinho e Moreira (1995:60):

> *Se nos limitarmos a promover um ensino enciclopédico, condicionamos as pessoas a estar sempre voltando à escola, buscando atualização. Ensina-se a ciência, mas falta ao cientista a visão global que o capacitaria a colocar o conhecimento técnico a serviço da vida, e também a serviço da sua própria existência.*

Este talvez seja o maior combate que os profissionais de hoje travam consigo mesmo, na busca de uma constante qualificação que os mantenham ativos e realizados em sua área de formação. Não acostumados a ter uma visão sistêmica, tendo recebido durante toda a vida um ensino compartimentado por disciplinas, faltam-lhes a visão do todo, a análise dos cenários e tendências de modo que possam conhecer as suas necessidades de autodesenvolvimento.

> "O Brasil distanciou-se de uma formação consoante com a demanda do seu desenvolvimento econômico. Vivemos uma dúbia realidade de ter um ensino fragmentado, em disciplinas, que não ajuda na análise do todo, do pensar global."

Ao se realizar uma pesquisa junto aos educadores universitários, foi possível conhecer suas opiniões sobre estas transformações nas organizações e as interferências na capacitação dos profissionais para atender as demandas do mundo do trabalho. Estes resultados poderão ser vistos no Capítulo 5.

Segundo Arnaldo Niskier (1999:28), acadêmico, educador e profundo conhecedor do Sistema Educacional Brasileiro, há uma necessidade de se estabelecer uma "consciência coletiva", para que sejamos alertados:

> *"somente através da Educação teremos a transformação social, econômica e política do indivíduo e do País".*

Por outro lado, há de se lembrar do aspecto social dessa relação educação e trabalho quando se evidencia o paradoxo que a história humana vive ao atingir um patamar elevado de desenvolvimento tecnológico contra a degradação moral que insiste em percorrer os diferentes países.

Nos Estados Unidos, por exemplo, recentes estudos demonstram que a carga horária de trabalho vem interferindo incisivamente na saúde dos americanos, e doenças como o estresse, cardiológicas e câncer estão em primeiro lugar. Há uma relação direta na dispensa de férias no trabalho com o aumento de risco de saúde, conforme o jornal *Psychosomatic Medicine*.

O século XXI passa por um processo de convergência tão bem explicitado por Thomas Friedman, em seu livro "O Mundo é Plano". Saímos do século passado com um alto investimento em tecnologia, em banda larga e tecnologias de ponta, havendo uma proliferação de computadores por todo o mundo, fazendo com que fosse um produto produzido em larga escala e barateando os seus custos.

> "É imperiosa, para as organizações, a formação de novas competências, uma vez que o nível do conhecimento e as práticas organizacionais são mutáveis."

A vinda dos *softwares* permitiu a conectividade dos processos organizacionais e as ferramentas de acesso irrestrito ao conhecimento, como o Google e Yahoo. Os *software free*, possibilitando a democratização do acesso a um ferramental tecnológico de apoio, permitindo, desta forma, um nivelamento na capacidade de desenvolvimento do trabalho e uma valorização do capital humano de uma maneira como nunca se viu na história do mundo do trabalho.

Para a maioria dos autores (De Masi, 1999:77), o século XXI passa pela estratégia de conceder aos trabalhadores uma independência maior para o desenvolvimento de competências e novos modelos de atuação. Tal prática já vem ocorrendo em alguns países da Europa, como a redução da jornada de trabalho, provocada pelo alto índice de desemprego.

É imperiosa, para as organizações, a formação de novas competências, uma vez que o nível do conhecimento e as práticas organizacionais são mutáveis. Daí por que investigar e analisar como as transformações, no mercado de trabalho, podem interferir nas habilidades exigidas aos profissionais, estagiários e recém-formados, ante a demanda das empresas que possuem características da sociedade pós-industrial.

Educação e Trabalho

Estudar o que vem ocorrendo no mundo do trabalho, especificamente quanto às profissões no Brasil, poderá elucidar algumas características na contratação de pessoas em empresas brasileiras que atuam em mercado global.

Quando a relação entre a educação e o trabalho se faz de forma integrada, esses dois segmentos evoluem de maneira satisfatória e os profissionais se beneficiam de uma formação condizente com a demanda de solicitação de profissionais qualificados.

Tive o privilégio, ao participar de um seminário sobre "Educação na América Latina", realizado na Argentina, de constatar, em projeto que o Governo do México apresentou às universidades, qual o planejamento de desenvolvimento econômico traçado para os próximos 10 anos e que cursos atenderiam às suas novas demandas.

O que se observa é que essa relação ao longo dos anos, em várias partes do mundo, vem apresentando deficiências, fazendo com que algumas alternativas de solução surjam na tentativa de suprir tais necessidades. Um exemplo de uma dessas alternativas é a aparição de universidades corporativas.

Na análise das relações educação e trabalho, cabe lembrar a teoria do capital humano, nascida nos Estados Unidos, entre a década de 50 e a de 60, afirmando, essencialmente,

> *que existe uma estreita relação entre desenvolvimento econômico e desenvolvimento educativo, sendo que este último incrementa a produtividade do trabalho* (Sanchis, 1997: 210).

Participei ainda de um evento bastante interessante, entre empresas e universidades, quando algumas discussões foram levantadas no tocante ao que as empresas vêm exigindo dos profissionais.

O tema era, especificamente, sobre os profissionais de Tecnologia de Informação que estão sendo preparados pelas universidades, sem a devida qualificação dentro do que as empresas necessitam. Houve depoimento, de uma prestigiada empresa de alta tecnologia de *software*, bastante interessante, quando se afirmou que os estudantes recebidos para estágios passam seis meses em treinamento antes de iniciar qualquer atividade.

> "Empresas e universidades precisam dialogar
> e procurar alternativas, trazendo a educação
> para mais perto do mundo dos negócios."

As universidades presentes questionaram por que a empresa não interage com o meio acadêmico, já que através do diálogo, juntas, poderiam chegar a uma melhor solução. Talvez, segundo alguns depoimentos, essa empresa estivesse investindo num ensino que as universidades poderiam suprir.

Foi bastante prazeroso ouvir esse diálogo, que demonstra existir uma maior conscientização entre essa premência de que empresas e universidades precisam dialogar e procurar alternativas, trazendo a educação para mais perto do mundo dos negócios.

Outra observação, que merece uma reflexão, foi a de uma empresa de grande porte da área de telecomunicações, que discorreu sobre a sua dificuldade de adquirir profissionais para o seu centro de informática não se preocupando somente com os *"bits e os bytes"*, mas com o essencial, que é entender o negócio da empresa.

Como conhecer e se preocupar com o resultado final da empresa, se nas escolas e universidades somos levados a desenvolver a nossa especialidade? Como pensar sistêmico, se durante todo o tempo na vida de estudante concebemos a idéia de que receberemos o diploma de uma única profissão e, certamente, com a habilitação previamente escolhida, mas só a partir do terceiro ano de universidade?

Independentemente da área profissional, vejo que o problema é o mesmo. Diante da dificuldade da universidade de acompanhar o terremoto que atinge o mercado de trabalho, os profissionais formados por ela não atendem ao que as empresas recrutam, necessitando de altos investimentos em cursos e treinamentos mantidos pelas organizações.

> "Como conhecer e se preocupar com o resultado final
> da empresa, se nas escolas e universidades somos
> levados a desenvolver a nossa especialidade?"

Esta perda não se refere somente ao ensino universitário. O ensino médio no Brasil passa por sérias dificuldades. Ao término do ano de 2005, o jornal *O Globo* chamou a atenção para a queda de matrículas do ensino médio e do ensino fundamental. Com base no Censo Escolar de 2005, o jornal detectou que houve 5,7% a menos de matrículas com relação a 2004 em 2.706 municípios. No cômputo do PIS, este índice de queda chegou a 1,5%. Este declínio demonstra a interrupção da expansão que vem observando nos últimos dez anos.

A evasão escolar é um outro dado importante, onde o ensino médio tem 7,7% de evasão, comprometendo, muito, a formação de profissionais e o desenvolvimento de carreiras. É um sinalizador de que estamos na contramão das demandas organizacionais.

O paradoxal é que um dos motivos do abandono escolar está relacionado com o ingresso no mercado de trabalho mais cedo, quando os jovens são pressionados pelos pais a ter uma renda, mostrando, então, a impotência do sistema educacional de mantê-los nos oito anos do ensino fundamental e alimentando nos jovens uma rejeição ao ensino médio.

Trazendo para o Rio de Janeiro, informações do Governo do Estado demonstram que 15% dos jovens fluminenses, de 15 a 17 anos, estão fora da escola, seja do ensino médio, fundamental ou universitário. Se formos para o percentual Brasil, chegaremos a 19% em 2003. Isto quer dizer que há uma faixa de profissionais que não serão gerados para atender ao desenvolvimento econômico que o país precisa. E, pior, estamos com um grupo populacional na exclusão social, aderindo ao emprego informal, na sua maioria.

Os Impactos das Transformações

A necessidade de suprir a empresa de recursos humanos qualificados faz com que as organizações busquem alternativas de preparação e capacitação de pessoas, como o desenvolvimento de programas de estágios de estudantes e *trainee*. O nível de exigência dessas empresas, ao captar profissionais no mercado de trabalho, não se restringe às competências adquiridas por eles no ambiente acadêmico, mas também às habilidades pessoais e cursos extracurriculares.

Para fundamentar esta análise, é preciso conhecer as características da sociedade desde o período pré-industrial até o pós-industrial, delimitadas por Daniel Bell *apud* De Masi (1999:49). Foram selecionadas as características que poderiam ajudar na identificação da influência dessas transformações de forma a aprofundá-las com outros autores.

> "O fator de mobilidade foi mais uma visão destacada no trabalho, onde diferentes autores chamam a atenção para uma maior absorção de trabalhadores de ensino superior."

Ao se tratar das instituições básicas abordam-se as universidades, os institutos de pesquisa e de cultura, bem como o surgimento de empresas de comunicação de massa e de serviços. Os recursos principais são os conhecimentos adquiridos, a inteligência e a informação considerada como fatores essenciais.

Outra característica foi a estrutura profissional gerando um rápido crescimento de empregos para profissionais e técnicos. O local típico foi considerado por contemplar uma nova atuação das empresas, denominadas transnacionais[4], pela sua atuação num mercado global. Uma nova classe de trabalhadores foi apontada pelos teóricos da sociedade pós-industrial como os "administradores da informação". O fator de mobilidade foi mais uma visão destacada no trabalho, onde diferentes autores chamam a atenção para uma maior absorção de trabalhadores de ensino superior.

Por outro lado, cabe ressaltar alguns elementos, para os quais chamam a atenção influentes autores, como de uma "sociedade centrada no mercado", levando as pessoas a abandonarem suas aptidões pessoais, a sua própria auto-orientação em função de um apelo cada vez maior do que gravita em torno do mercado produtivo. Estamos na sociedade do conhecimento ou caminhamos para uma "proletarização" de cursos superiores para as mesmas funções existentes?

Segundo Daniel Bell, a sociedade pós-industrial originou-se de "uma previsão social referente a uma mudança na estrutura social da sociedade ocidental" (Bell, 1973:22) e a sociedade pós-industrial apresenta, segundo alguns autores, características bastante específicas, dentre elas a globalização da economia, sendo que, no Brasil, sua influência se deu a partir de 1990 (Tenório, 2000).

---

[4] Também pode ser definida como empresa global. Trata-se daquelas empresas que possuem orientação geocêntrica, ou seja, vêem o mundo todo como mercado potencial e esforçam-se para desenvolver estratégias integradas para o mercado mundial (Keegan, Green, 1999:13).

Desde a expansão marítima até a Segunda Guerra Mundial as organizações possuíam como base a atuação local. Destaca Tenório (2000:178),

> "a partir de 1945 até os dias de hoje todas as regiões do mundo têm passado por processos de interação, em maior ou menor escala, entre países de uma mesma região ou com outras regiões por meio da internacionalização do capital".

Portanto, já por algumas décadas, o mundo vem experimentando aos poucos essa interação entre países no campo dos negócios, tratando com as diferentes culturas e acompanhando a incorporação dos progressos científico e técnico advindos dessas ações translocais.

> "Mas não se pode negligenciar na observação desse fenômeno em países como o Brasil, que se relaciona com outros países."

Cabe ressaltar o conceito da globalização da economia que, segundo alguns autores, inspirou-se numa interpretação oportunista, primária e generalizada da teoria da aldeia global exposta pelo professor e sociólogo canadense Marshall Mcluan. Segundo essa teoria, o desenvolvimento acelerado dos meios de comunicação social e das tecnologias de telecomunicação transforma o mundo numa aldeia global onde todos sabem de todos, praticamente em tempo real.

Ocorre que tal teoria não pode ser generalizada, uma vez que ainda há muito que caminhar para afirmar que a transnacionalização da economia é um fenômeno efetivamente mundial, pois ainda passa ao largo de muitos países subdesenvolvidos e que vivem na mais total miséria, longe de qualquer possibilidade remota de internacionalização de capital.

Mas não se pode negligenciar na observação desse fenômeno em países como o Brasil, que se relaciona com outros países e que, mesmo com todos os limitadores que retardam o seu desenvolvimento, seja de ordem econômica, política ou social, ainda é uma nação requisitada pelas nações poderosas ditas de primeiro mundo. E vem sendo alvo de acompanhamento por vários autores nos mais diferentes países.

As causas de todas essas transformações poderão ser muitas, estando relacionadas às mudanças no campo da economia a partir do século

XX, introduzindo mudanças tecnológicas, novas formas de organização do trabalho e na evolução do trabalho. Bell (1973:26) enfoca que tais mudanças trazem alguns problemas, dentre eles, ressalta, a estrutura profissional que:

> *"é constituída por funções planejadas de modo a coordenar as ações dos indivíduos para a realização de fins específicos. As funções dividem os indivíduos, definindo modalidades limitadas de comportamento, adequadas a uma posição em particular, mas os indivíduos nem sempre aceitam de boa mente as imposições de uma função. Um dos aspectos da sociedade pós-industrial, por exemplo, é a crescente burocratização da ciência e a cada vez maior especialização do trabalho intelectual em partes muito definidas".*

Para Alvin Toffler (1981:23) o que vem ocorrendo no mundo, com todas as transformações que interferem no núcleo familiar, no trabalho, na economia e no relacionamento entre nações, nesta era considerada pós-industrial, é intitulado por ele como a "Terceira Onda", quando afirma que:

> *Uma nova civilização está emergindo em nossas vidas [...] Essa nova civilização traz consigo novos estilos de família; novos modos de trabalhar, amar e viver; uma nova economia; novos conflitos e, em última análise, também uma profunda alteração da consciência do homem.*

A análise das transformações do mercado de trabalho, a que me refiro neste livro, e suas conseqüências nas áreas de recursos humanos das empresas e nos perfis profissionais exigidos, está fundamentada em algumas características da Sociedade Pós-Industrial e no que alguns teóricos denominam de Sociedade Centrada no Mercado.

Capítulo 2
A Sociedade e suas Leituras

As Características da Sociedade

Para compreensão das transformações que vêm ocorrendo nas organizações de todo o mundo, no tocante às exigências de novos perfis profissionais pelas áreas de recursos humanos, recorre-se às características da sociedade, desde o período Pré-Industrial até o Pós-Industrial, delimitadas por Daniel Bell *apud* De Masi (1999:49), onde se estabeleceu uma comparação entre elas, tornando-se uma fundamentação importante para a análise.

Quadro 1

COMPARAÇÃO DAS CARACTERÍSTICAS PRINCIPAIS DAS SOCIEDADES PRÉ-INDUSTRIAL, INDUSTRIAL E PÓS-INDUSTRIAL			
	Sociedade Pré-Industrial	*Sociedade Industrial*	*Sociedade Pós-Industrial*
Período	Até o século XIX.	Da metade do século XVIII até a metade do século XX.	Desde a Segunda Guerra Mundial – Projeto Manhattan (1944-45), desembarque na Normandia (1944), descoberta da estrutura do DNA(1953), concentração da mão-de-obra no setor terciário nos EUA (1956), crise petrolífera (1953).
Instituições básicas	Dinastias, igreja, exército, família patriarcal, grupos primários.	Estado, empresa, sindicato, banco, família nuclear, grupos secundários, partidos.	Universidades, institutos de pesquisa e cultura, grandes empresas de comunicação de massa, bancos, família instável. Grupos primários e secundários.
Organização do Estado	Regimes autoritários dinásticos.	Democracias representativas e Estado do bem-estar, instituições rígidas, democracia associativa, socialismo real, Estado intervencionista.	Democracias representativas, neoliberalismo e Estado do bem-estar, participacionismo.

Continua

Quadro 1 (cont.)

COMPARAÇÃO DAS CARACTERÍSTICAS PRINCIPAIS DAS SOCIEDADES PRÉ-INDUSTRIAL, INDUSTRIAL E PÓS-INDUSTRIAL

	Sociedade Pré-Industrial	*Sociedade Industrial*	*Sociedade Pós-Industrial*
Recursos principais	Terra, matérias-primas, alto índice de natalidade.	Meios de produção, matérias-primas, patentes, produtividade.	Inteligência, conhecimento, criatividade, informações, laboratórios científicos e culturais.
Setor econômico dominante	Extrativismo, criação de animais, agricultura, pesca, exploração das florestas e das minas, produção para consumo próprio. Setor primário.	Produção de bens: fabricação, transformação, distribuição. Setor secundário.	Produção de idéias e fornecimento de serviços: transportes, comércio, finanças, seguros, saúde, instrução, administração, pesquisa científica, cultura, lazer. Setor terciário.
Estrutura profissional	Camponeses, mineiros, pescadores, operários não-qualificados, artesões.	Operários, engenheiros, empresários, funcionários de escritório.	Profissionais liberais, técnicos, cientistas, indústria do lazer, tecnoestrutura.
Local típico	Campo, pequenos centros urbanos, loja do artesão, manufatura. *Small is beautiful.*	Instalações industriais, fábrica, escritório, cidade, urbanização. *Big is beautiful.*	Difusão da informação, *electronic cottage*, laboratórios científicos, trabalho domicilar *on-line*, urbano, fábrica descentralizada. Dimensões adequadas.
Desafios	Mortalidade infantil, fome, doenças, necessidades "materialistas", escassez.	Crise energética, alienação, poluição, desperdício dos recursos, anomia, disparidades sociais, guerra. Segurança no trabalho.	Qualidade de vida, saúde psíquica, conformismo, guerra, necessidades pós-materialistas. Preocupação com o ambiente.
O que está em jogo e conflitos sociais	Domínio e sobrevivência, subordinação e revoltas, guerras locais.	Propriedade dos meios de produção, apropriação da mais-valia, poder de compra, conquista dos mercados. Luta de classes, conflito industrial, guerras mundiais.	Elaboração e imposição dos modelos de programação, gestão do saber, *know-how*. Movimentos sociais, conflitos urbanos, guerra atômica e destruição da humanidade.
Atores sociais centrais	Proprietários de terras, aristocratas, senhores. Camponeses, artesões, plebe.	Empresários, trabalhadores, sindicatos.	Tecnos, mulheres, cientistas, administradores da informação, intelectuais.
Estrutura de classe	Senhores, servos.	Burguesia, classes médias, proletariado.	Dirigentes, dominantes. Contestadores, dominados.

Continua

Quadro 1 (cont.)

COMPARAÇÃO DAS CARACTERÍSTICAS PRINCIPAIS DAS SOCIEDADES PRÉ-INDUSTRIAL, INDUSTRIAL E PÓS-INDUSTRIAL

	Sociedade Pré-Industrial	Sociedade Industrial	Sociedade Pós-Industrial
Fator de coesão	Solidariedade mecânica, *gemeinschaft*, dimensões limitadas, origem comum, fé.	Solidariedade mecânica, ideologia, solidariedade de classe, *gesellschaft*, organização formal, objetivo comum, comunicações.	Solidariedade programada, redes múltiplas de comunicação, participação no grupo, objetivo comum, aldeia global.
Fator de mobilidade	Nascimento, herança, sucessão, afiliação.	Nascimento, herança, merecimento, espírito empreendedor, cooptação, clientelismo, carreira.	Conhecimento, ciência, instrução, estética, criatividade, cultura.
Metodologias	Experiência imediata, bom senso, tentativa e erro, ação e reação, sabedoria.	Empirismo e experimentação, busca de soluções, descoberta, organização científica do trabalho, padronização, especialização, sincronização.	Teorias abstratas: modelos, simulações; análise de sistemas; pesquisa dos problemas; invenção; enfoque científico dos processos de previsão, de programação, de decisão; desregulamentação e descentralização.
Relações com o tempo e o espaço	Orientação para o passado, a força da tradição, resposta imediata; tempos sincronizados com a natureza; disponibilidade de tempo; sentido do além.	Adaptação conjuntural às necessidades: planejamento a médio prazo; cálculo científico dos tempos e sua redução; ritmo padronizado imposto, baseado na máquina; vida baseada no tempo de trabalho.	Orientação para o futuro; cenários e previsões em longo prazo; ritmo de trabalho escolhido e individualizado, baseado no próprio indivíduo; vida baseada no lazer; *real time*.
Estrutura psíquica	Personalidade.	Personalidade edipiana.	Personalidade narcisista.
Vantagens	Ritmos lentos, equilíbrio com a natureza, auto-sugestão, pouca burocracia, solidariedade primária.	Consumo de massa, mobilidade geográfica e social, domínio da natureza, igualitarismo.	Educação de massa, acesso às informações, lazer, invenção da natureza, redução da incerteza.
Desvantagens	Miséria, servidão, mortalidade infantil, ignorância, fadiga física.	Alienação, competitividade, desperdício, anomia, fadiga psicológica, exploração.	Manipulação, direção externa, controle externo, massificação, marginalização, desemprego, fadiga psíquica.

Fonte: Bell *apud* De Masi (1999:49).

O quadro a seguir seleciona as características da sociedade pós-industrial sistematizadas por Bell, e faz um paralelo com as transformações no mercado de trabalho, tomando como base outros referenciais teóricos e elementos do meu conhecimento específico, adquiridos em mais de 20 anos de experiência no estudo das transformações entre o universo da educação e do trabalho.

Quadro 2

INFLUÊNCIAS DAS CARACTERÍSTICAS DA SOCIEDADE PÓS-INDUSTRIAL NO MERCADO DE TRABALHO

	Sociedade Pós-Industrial	Influências no Mercado de Trabalho
Período	Desde a Segunda Guerra Mundial Projeto Manhattan (1944-45), desembarque na Normandia (1944), descoberta da estrutura do DNA (1953), concentração da mão-de-obra no setor terciário nos EUA (1956), crise petrolífera (1953).	A introdução do fordismo como paradigma organizacional até 1968, no mundo e, até 1985, no Brasil, ocasionando a massificação do trabalho. Houve a gestão técnico-burocrática; a popularização dos PC's; o desenvolvimento da ciência e tecnologia de base microeletrônica e a globalização da economia: articulação nacional e internacional de mercados.
Instituições básicas	Universidades, institutos de pesquisa e cultura, grandes empresas de comunicação de massa, bancos, família instável. Grupos primários e secundários.	As universidades se tornam os grandes centros do saber e de trabalhos científicos; a televisão e os multimeios ganham espaço na comunicação de massa; os bancos passam a ter um papel determinante na área econômica e a família deixa de ser uma célula com o patriarca.
Organização do Estado	Democracias representativas, neoliberalismo e Estado do bem-estar, participacionismo.	Os regimes de ditaduras cedem lugar ao regime democrático e uma ascensão de outras formas de participação da sociedade; e o governo como regulador na tentativa de preservar os direitos da sociedade representativa e valorização do caráter cidadão.
Recursos principais	Inteligência, conhecimento, criatividade, informações, laboratórios científicos e culturais.	O mecanicismo e a produção em série perdem espaço nas organizações, privilegiando a produção do conhecimento e a criatividade (flexibilidade).
Setor econômico dominante	Produção de idéias e fornecimento de serviços: transportes, comércio, finanças, seguros, saúde, instrução, administração, pesquisa científica, cultura, lazer. Setor terciário.	As áreas de serviços crescem a sua participação no setor econômico, gerando empregos e criando benefícios em vários campos, como o entretenimento.

Continua

Quadro 2 (cont.)

INFLUÊNCIAS DAS CARACTERÍSTICAS DA SOCIEDADE PÓS-INDUSTRIAL NO MERCADO DE TRABALHO

	Sociedade Pós-Industrial	Influências no Mercado de Trabalho
Estrutura profissional	Profissionais liberais, técnicos, cientistas, indústria do lazer, tecnoestrutura.	Trabalho autônomo; empreendedorismo; a tecnocracia; novas frentes de trabalho na área do entretenimento e de serviços.
Local típico	Difusão da informação, *Electronic cottage*, laboratórios científicos, trabalho domiciliar *on-line*, urbano, fábrica descentralizada. Dimensões adequadas.	Com a computação eletrônica e a automação, as fábricas modificaram a sua logística e formas de distribuição. O trabalho não se configura somente nas instalações da empresa, mas em qualquer espaço físico e em qualquer parte do mundo, através do *on-line*.
Desafios	Qualidade de vida, saúde psíquica, conformismo, guerra, necessidades pós-materialistas. Preocupação com o ambiente.	Surgimento de normas de preservação ambiental, maior preocupação com programas de qualidade de vida e programas sociais; os diferentes grupos de participação no mercado.
O que está em jogo e conflitos sociais	Elaboração e imposição dos modelos de programação, gestão do saber, *know-how*. Movimentos sociais, conflitos urbanos, guerra atômica e destruição da humanidade.	Necessidade inerente do conhecimento de informática, da atualização constante do saber, participação do elemento na sociedade.
Atores sociais centrais	Tecnos, mulheres, cientistas, administradores da informação, intelectuais.	Cresce a participação da mulher no mercado de trabalho e os profissionais são levados a produzir e gerir informações; surgem os profissionais da era da automação e da rede de telecomunicações; ênfase à produção intelectual. A qualidade dos recursos humanos envolvidos nos processos produtivos, a formação acadêmica, a qualificação e a iniciativa.
Estrutura de classe	Dirigentes, dominantes. Contestadores, dominados.	Sociedade ainda com uma estrutura social de poder e de dominados; embora ainda timidamente, as organizações diminuem o número de níveis hierárquicos; aparece a figura dos contestadores que são os representantes da sociedade discordante (responsabilidade social e respeito ao consumidor).

Continua

Quadro 2 (cont.)

INFLUÊNCIAS DAS CARACTERÍSTICAS DA SOCIEDADE PÓS-INDUSTRIAL NO MERCADO DE TRABALHO		
	Sociedade Pós-Industrial	*Influências no Mercado de Trabalho*
Fator de coesão	Solidariedade programada, redes múltiplas de comunicação, participação no grupo, objetivo comum, aldeia global.	A computação, a comunicação *on-line* e a rede de Internet possibilitaram maior interatividade entre nações e negócios, maior conhecimento de outras culturas e a atuação de empresas transnacionais.
Fator de mobilidade	Conhecimento, ciência, instrução, estética, criatividade, cultura.	Ascensão profissional ligada ao grau de instrução, formação acadêmica e profissional, dinâmica criativa, padrões estéticos e culturalista.
Relações com o tempo e o espaço	Orientação para o futuro; cenários e previsões em longo prazo; ritmo de trabalho escolhido e individualizado, baseado no próprio indivíduo; vida baseada no lazer; *real time*.	O futuro é a razão de ser do presente, visão prospectiva e ações proativas dos trabalhadores.
Dimensão local	Dimensão transnacional; conexões telemáticas e televisivas de todos os lugares.	Possibilidade de atuação em qualquer parte do planeta, rede de comunicações a cabo e por satélite.
Estrutura psíquica	Personalidade narcisista.	Transparência e visibilidade de ações.
Vantagens	Educação de massa, acesso às informações, lazer, invenção da natureza, redução da incerteza.	Educação à distância e educação continuada.
Desvantagens	Manipulação, direção externa, controle externo, massificação, marginalização, desemprego, fadiga psíquica.	O controle externo e maior manipulação das informações e das decisões; aumento do número de trabalhadores desempregados; pessoas à margem de uma vida digna; cresce o número de doenças oriundas das pressões sociais, econômicas e do trabalho.

Fontes: Bell *apud* De Masi e pesquisa própria.

A partir dos elementos assinalados por Bell, selecionei as características que mais diretamente interferem nestas transformações e as aprofundei com considerações de outros autores.

A Sociedade Brasileira

No tocante ao Brasil, gostaria de registrar que suas diversidades de crescimento e desenvolvimento fazem com que o país reúna elementos de sociedades pré-industrial, industrial e pós-industrial, resultando numa mistura de influências dessas sociedades, se comparando com as características delimitadas por Bell.

> "Ao mesmo tempo em que as tecnologias adentram o país e os próprios processos agrícolas, podendo indicar elementos da sociedade pós-industrial, no Brasil, ainda, luta-se por um pedaço de terra, característica da sociedade pré-industrial."

Para alguns autores, o crescimento desordenado do Brasil e a forte concentração de renda vêm ocasionando várias conseqüências sociais que retardam a introdução do país num modelo de desenvolvimento. Fausto Boris (2002:555) ressalta essas diversidades quando diz que

> *"No campo, o avanço da agroindústria não chega a encobrir a dura realidade dos 'sem-terra', da ocupação de terras indígenas, das mortes de sindicalistas, da destruição de florestas e poluição dos rios".*

Ao mesmo tempo em que as tecnologias adentram o país e os próprios processos agrícolas, podendo indicar elementos da sociedade pós-industrial, no Brasil, ainda, luta-se por um pedaço de terra, característica da sociedade pré-industrial.

No que se refere à estrutura empresarial, Belluzo (2002:219) chama a atenção para a estagnação das empresas, ao assinalar que:

> *"a) Manteve-se inalterada a forma de organização capitalista, caracterizada pela dominância da empresa 'especializada', em contraposição ao grupo multissetorial.*
>
> *b) A recessão determinou a paralisação das operações de muitas empresas de pequeno porte e concentrou produção e vendas, afetando, principalmente, a pequena e a média empresa. Em particular, as vendas externas que mereceram incentivos e a prioridade da política de ajuste favoreceu a concentração dos mercados em benefício da grande empresa.*

A concentração de capital durante o ajuste recessivo deu-se, portanto, predominantemente na forma relativa; de qualquer forma, não se desdobrou no fortalecimento de grupos ou em conglomerados de empresas".

Para melhor entendimento transcrevem-se alguns acontecimentos da cronologia histórica do Brasil, do período de 1950 a 1993, identificados por Boris Fausto:

Quadro 3

Década de 50
— No Manifesto de Agosto, Prestes prega a revolução para a libertação nacional.
— Eleições presidenciais. Vitória de Getúlio Vargas.
— Vargas envia ao Congresso projeto para a criação de uma empresa petrolífera, a Petrobras.
— É criada a Conferência Nacional dos Bispos do Brasil/CNBB.
— Baixada a Instrução 70 da Superintendência da Moeda e do Crédito (Sumoc), que visa estimular as exportações e favorecer as importações de bens essenciais ao desenvolvimento econômico.
— Greve em São Paulo: 300 mil trabalhadores reivindicam reajuste salarial.
— Decreto de Vargas impõe novas restrições ao capital estrangeiro.
— Vargas propõe o projeto de criação da Eletrobras.
— Instrução 113 da Sumoc favorece os investidores estrangeiros.
— Criação do Instituto Superior de Estudos Brasileiros (ISEB).
— Juscelino Kubitschek é eleito Presidente da República.
— Kubitschek inicia a aplicação de seu plano de metas, com o *slogan* "Cinqüenta anos em cinco".
— A Igreja começa a se dedicar ao trabalho no meio rural.
— Greve operária: 400 mil trabalhadores reivindicam reajuste salarial.
— Início da construção de Brasília.
— Movimentos políticos de trabalhadores rurais reivindicam uma reforma agrária radical.
— Juscelino Kubitschek declara o rompimento do Brasil com o Fundo Monetário Internacional.
Década de 60
— Eleições presidenciais. Vitória de Jânio Quadros e João Goulart, do PTB.
— Juscelino Kubitschek inaugura Brasília.
— O presidente eleito toma posse em 31 de janeiro e renuncia em 25 de agosto.
— Realiza-se o Congresso de Camponeses, que resulta na radicalização da luta no campo.
— É promulgada a Lei de Diretrizes e Bases da Educação.

Continua

Quadro 3 (cont.)

Década de 60 (cont.)
– Criação do Conselho Nacional de Reforma Agrária.
– No IV Encontro Sindical Nacional fica decidida a criação do Comando Geral dos Trabalhadores (CGT).
– O Congresso aprova lei que restringe a remessa de lucros para o exterior.
– Plebiscito põe fim ao parlamentarismo.
– A Câmara dos Deputados rejeita o projeto do Estatuto da Terra.
– 700 mil operários entram em greve.
– O Departamento de Estado dos Estados Unidos aprova plano de apoio logístico e militar aos golpistas. Em 31 de março (1964) é deflagrado um golpe político-militar que afasta João Goulart.
– O Ato Institucional nº 1 suspende os direitos políticos de centenas de pessoas.
– O General Humberto Castelo Branco toma posse na presidência da República.
– Reforma monetária institui o cruzeiro novo.
– O Marechal Costa e Silva toma posse como presidente.
– Movimentos de oposição ao governo militar são reprimidos com violência. AI-5 cassa os mandatos de vários parlamentares.
– A alta oficialidade das três armas escolhe como presidente o general Garrastazu Médici.

Década de 70
– Intensifica-se a oposição ao governo, com guerrilhas na cidade e no campo.
– Inaugurada a Transamazônica, em meio a críticas pela devastação do ambiente e pela invasão de terras indígenas.
– Médici assina acordo com Stroessner, presidente paraguaio, para a construção da hidrelétrica de Itaipu.
– Inaugurada a hidrelétrica de Ilha Solteira e a Ponte Rio-Niterói.
– Geisel assume a presidência.
– Assinatura de acordo nuclear com a Alemanha.
– Lançamento do Proálcool.
– Intensifica-se o movimento da sociedade civil em favor da recuperação dos direitos democráticos.
– Figueiredo assume a presidência.
– Aprovada a lei de anistia; centenas de exilados começam a retornar ao país.

Década de 80
– A crise econômica se agrava; multiplicam-se as greves e os movimentos de protesto.
– Descoberta uma imensa jazida de ouro em Serra Pelada (PA).
– Aprovada emenda que restabelece eleições diretas para governadores, a partir de 1982.
– Crise da dívida externa. O Brasil se reconhece sem condições de saldar os compromissos da dívida e recorre ao FMI.

Continua

Quadro 3 (cont.)

Década de 80 (cont.)

– O país se mobiliza reivindicando eleições diretas. Emenda com esse objetivo é votada e rejeitada pelo Congresso.
– Estendido o direito de voto aos analfabetos.
– Decretado o Plano Cruzado, destinado a conter a inflação e estabilizar a economia.
– Instala-se a Assembléia Nacional Constituinte, sob a presidência de Ulysses Guimarães.
– A crise econômica se aprofunda; a inflação não é controlada.
– Promulgada a nova Constituição.
– Cresce a violência na cidade e no campo. Assassinado no Acre o líder seringalista Chico Mendes.
– Fernando Collor de Mello é o primeiro presidente eleito pelo voto direto desde 1960.
– Um surto de violência assola principalmente as grandes cidades.

Década de 90 (até 1993)

– Collor lança um plano econômico revolucionário, como estratégia de combate à inflação: cria uma nova moeda e congela depósitos bancários por dezoito meses.
– Retomada a escalada inflacionária. O governo não obtém o apoio do Congresso e a crise econômica se aprofunda.
– Denúncias de corrupção provocam o *impeachment* de Collor. Seu vice, Itamar Franco, assume a presidência.
– Plebiscito popular opta pelo presidencialismo republicano como sistema de governo.
– Nova reforma econômica cria o cruzeiro real. Sucedem-se os ministros da Fazenda, em tentativas de debelar a inflação e sanear a economia.
– Instalação de CPI para investigar denúncias de corrupção no orçamento da União.
– Violência crescente. No Rio de Janeiro, chacina de meninos de rua na Candelária e de trabalhadores na Favela de Vigário Geral. Índios ianomâmis são exterminados na fronteira com a Venezuela.

Fonte: Boris (2002: 572).

A partir dos elementos assinalados na cronologia histórica do Brasil tratados por Boris, chamo a atenção para a situação diversa do nosso país em relação a outros, para que não cometamos a ingenuidade científica de aplicar integralmente as características da sociedade pós-industrial, delimitadas por Daniel Bell, de uma forma homogênea na sociedade brasileira. Pelo contrário, ressalto que as transformações do mercado de trabalho, aqui tratadas, aplicam-se às empresas com características pós-industriais.

CAPÍTULO 3

Aprofundando as Características da Sociedade

Instituições Produtoras de Conhecimento

Cabe iniciar este entendimento fazendo uma retrospectiva do período da Sociedade Industrial, que ocorreu da metade do século XVIII até a metade do século XX, onde o Estado tinha o papel determinante nas políticas monopolistas de bens públicos. Surgiram verdadeiros complexos industriais que produziam para um consumidor de massa, sendo a escolarização exigida ainda num patamar de ensino básico, médio, técnico e alguns cursos de ensino superior.

Quanto ao ensino superior, a Sociedade Industrial atingiu o auge das especializações, com profissões em alta, como engenharia civil, mecânica, direito e medicina.

A família caracterizava-se como um núcleo ou uma célula, composta da figura de um patriarca, chefe de família, retratado na figura do pai.

Os sindicatos surgiram como tentativa de coibir os abusos cometidos pelas indústrias fabris, pelos meios de produção, através de instrumentos que conduziam para uma linha de montagem rígida, onde o homem desenvolvia o seu trabalho com a máquina.

Já a Sociedade Pós-Industrial, segundo Bell, caracterizou-se pela consolidação de instituições básicas na produção do conhecimento, como as universidades, os institutos de pesquisa e cultura; o surgimento de empresas de comunicação de massa e de serviços, onde se destaca o apogeu do poderio dos bancos.

O delineamento de uma nova sociedade, cujo núcleo familiar dá lugar a uma família instável, também foi apontado por Bell, não necessariamente privilegiando a figura do pai, mas valorizando o trabalho feminino, com maior abertura da mulher numa participação ativa no mercado de trabalho.

Ocorre que alguns autores contemporâneos questionam o papel da universidade e o modelo de ensino cujos currículos acadêmicos levam os alunos a receber informações estruturadas sem levá-los a uma reflexão crítica para o seu autodesenvolvimento.

Em Giordan (*apud* Morin, 2001:227), encontramos a contestação de um ensino que embota o aluno dentro de um sistema fechado e imutável, quando ele diz que:

> *"No melhor dos casos, o ensino fornece ferramentas para abordar o que é constante, homogêneo, organizado, regular e imutável. Nos dias de hoje, o indivíduo deve encarar o inesperado, o paradoxal, o contraditório e o complexo".*

Ainda do mesmo autor encontramos a preocupação em fornecer aos alunos um ensino que os leve ao conhecimento pleno das disciplinas, através de um processo investigativo e crítico ao dizer que:

> *"a prioridade não é mais a de ensinar conteúdos disciplinares, mas, sim, apoiar-se sobre conhecimentos disciplinares, a fim de introduzir no aprendiz uma disponibilidade, uma abertura, uma curiosidade para ir em direção daquilo que não é evidente ou familiar".*

Para outros autores, a missão das universidades passa pela discussão da relação entre a educação e o trabalho, considerando que, quando esses dois segmentos atuam de forma integrada, a evolução ocorre de maneira satisfatória e os alunos se beneficiam de uma formação condizente com a demanda de solicitação de mão-de-obra qualificada.

Para os mesmos autores, essa relação, ao longo dos anos, vem apresentando deficiências, fazendo com que algumas alternativas de solução surjam na tentativa de suprir tais necessidades. Um exemplo é a aparição de universidades corporativas.

> **"A missão das universidades passa pela discussão da relação entre a educação e o trabalho."**

Em palestra proferida em São Paulo, em maio de 2000, o consultor americano Alvin Toffler abordou a sociedade a partir da revolução informacional:

> *"Na sociedade da revolução informacional não teremos condições de prescrever uma formação porque ela será mutante. As universidades presenciais, virtuais e corporativas serão aquelas que abra-*

çarão o desafio de corresponder a esse mercado global" (informação verbal).

> "O impacto do desenvolvimento tecnológico, as novas formas organizacionais, a criação e inovação de métodos de trabalho, de novos produtos e serviços estão fazendo com que as empresas sejam mais exigentes no recrutamento de seus profissionais."

Para os autores que defendem a preparação de profissionais para um mercado da sociedade da informação, os requisitos da força de trabalho vêm ao longo dos anos sofrendo mudanças face às novas perspectivas de demanda de áreas ocupacionais. O impacto do desenvolvimento tecnológico, as novas formas organizacionais, a criação e inovação de métodos de trabalho, de novos produtos e serviços estão fazendo com que as empresas sejam mais exigentes, no recrutamento de seus profissionais; é a tentativa de superar as dificuldades oriundas do distanciamento entre o que se prepara e forma nas escolas e universidades e a necessidade do profissional qualificado de atender a esses novos postos de trabalho. Diz Chiavenato (1999:71):

> *"Essas deficiências de habilidades provocam perdas significativas para a organização em termos de trabalho de qualidade inferior, baixa produtividade, aumento nos acidentes de trabalho e constantes queixas dos clientes. Essas perdas podem atingir bilhões de reais em cada ano".*

Na análise das relações educação e trabalho, cabem abordar a teoria do capital humano, nascida nos Estados Unidos, entre a década de 50 e 60, quando afirma, essencialmente, que "existe uma estreita relação entre desenvolvimento econômico e desenvolvimento educativo, sendo que este último incrementa a produtividade do trabalho" (Sanchis, 1997:210).

Do ponto de vista da educação brasileira, segundo Niskier (1999:28)

> *"É importante que a consciência coletiva seja alertada de que somente através da Educação teremos a transformação social, econômica e política do indivíduo e do País".*

Por outro lado, há que se lembrar o aspecto social dessa relação educação e trabalho quando se evidencia o paradoxo que a história humana vive, ao atingir um patamar elevado de desenvolvimento tecnológico contra a degradação moral que insiste em percorrer os diferentes países. Segundo Paula (1999:26), em especial no exemplo brasileiro, o "Saber" das universidades e o "Fazer" das empresas, somados, podem potencializar riquezas e restringir misérias, resgatando o país para o seu destino de gigante.

> "Saímos do homem que operava a máquina pela automação completa da linha de produção julgando que este novo modelo liberaria o homem para exercício da análise e o maior lazer."

Há que se levar em consideração algumas críticas que Bell sofreu, por considerar a substituição das "atividades industriais fundadas na manipulação da matéria por atividades fundadas no tratamento da informação tal como se assistiu no século passado, à substituição da agricultura pela indústria" (Lojkine 1999:238). Esta é a discussão dos nossos dias que ainda não se alcançou o seu real benefício, quando se trata da substituição do valor do trabalho (sociedade industrial) pelo valor do saber preconizado pela sociedade pós-industrial. Saímos do homem que operava a máquina pela automação completa da linha de produção julgando que este novo modelo liberaria o homem para exercício da análise e o maior lazer.

Quanto ao crescimento das áreas de serviços apontado por Bell, alguns autores consideram que ele não pode ser disassociado do crescimento das atividades industriais, porque um está dependente do outro. Segundo Lojkine (1999:242)

> *"Não há crescimento de atividades de serviço (informacionais) sem crescimento de atividades industriais, sugerindo que o aumento de atividades informacionais nada mais é do que um processo de interpenetração entre serviços e produção material"* (Lojkine *op. cit.*).

A própria evolução da produção industrial vem necessitando de processos informacionais que influenciem diretamente no crescimento da área de serviços.

Tecnologia com Inteligência e Criatividade

A liberação do trabalhador para atividades mais criativas que privilegiem a sua inteligência de forma a sistematizar os conhecimentos adquiridos tem sido o recurso principal apontado por vários autores da sociedade pós-industrial.

Para Edgar Morin, a educação deveria privilegiar a formação de "espíritos capazes de organizar os seus conhecimentos em vez de armazená-los por uma acumulação de saberes... ensinar a condição humana... ensinar a viver... refazer a cidadania" (Morin, 2001:18).

> "A imprecisão da informação deu lugar ao conhecimento qualitativo, onde não basta ter a informação, mas processá-la e torná-la um conhecimento útil."

No final dos anos 40 e início dos 50, com o surgimento da tecnologia da informação, o conceito de viver foi definido por Wiener (*apud* Kumar, 1997:19) mostrando como se apoderar da informação considerando-a um bem integrante da vida do homem:

> *"Viver efetivamente é viver com informação adequada. A comunicação e o controle, portanto, são integrantes da essência da vida interior do homem, na mesma medida em que fazem parte de sua vida em sociedade".*

Assim como a mecanização foi para a revolução industrial, a informação define bem a sociedade pós-industrial, pois foi ela o ponto central desse período de transformações bastante significativas, através da combinação computador e telecomunicações, amplamente reconhecido por Daniel Bell.

A imprecisão da informação deu lugar ao conhecimento qualitativo, onde não basta ter a informação, mas processá-la e torná-la um conhecimento útil que, na sociedade pós-industrial, para Kumar (1197:23), tornou-se o elemento-chave e determinante, quando diz que:

> *"O conhecimento não só determina, em um grau sem precedentes, a inovação técnica e o crescimento econômico, mas está se tornando rapidamente a atividade-chave da economia e a principal determinante da mudança ocupacional".*

Nos recursos principais definidos por Bell está a inteligência como um dos fatores essenciais, e Morin (2001:14) trata deste tema reportando-se novamente ao modelo de ensino como a causa principal dessa necessidade de preparar pessoas:

> *"A não-pertinência, portanto, de nosso modo de conhecimento e de 'ensino', que nos leva a separar (os objetos de seu meio, as disciplinas umas das outras) e não reunir aquilo que, entretanto, faz parte de 'um mesmo tecido'. A inteligência que só sabe separar espedaça o complexo do mundo em fragmentos desconjuntados, fraciona os problemas. Assim, quanto mais os problemas se tornam multidimensionais, maior é a incapacidade para pensar a sua multidimensionalidade; quanto mais eles se tornam planetários, menos são pensados enquanto tais. Incapaz de encarar o contexto e o complexo planetário, a inteligência torna-se cega e irresponsável".*

Vergara (2000:36) faz uma observação interessante sobre a relação da necessidade de adaptação da empresa em resposta às transformações nos negócios; contudo, nem sempre a identificação de novas qualificações profissionais é reconhecida com suas reais necessidades. Diz ela que: "É como se empresas flexíveis, adaptáveis às mudanças, socialmente responsáveis e comprometidas com a aprendizagem, pudessem prescindir, abrir mão de pessoas com idênticas características".

Cabe registrar que Daniel Bell, ao declarar a importância da inteligência e da criatividade na sociedade pós-industrial, provocou críticas de teóricos que questionam se a sociedade pós-industrial não está colocando o homem na mesma situação dos da sociedade industrial, quando necessariamente estão condicionados a reagir aos *inputs* dados pelos processos informacionais, sem com isso demandar qualquer ingerência humana.

Qualidade da Nova Força de Trabalho

Outro ponto considerado na sociedade pós-industrial foi a estrutura profissional que evoluiu para uma sociedade de serviços, gerando um rápido crescimento de oportunidades de emprego para profissionais liberais e de nível técnico.

Seria o surgimento de uma nova camada de profissionais que priorizam a ciência e a técnica em substituição aos operários da classe industrial. Para os teóricos da sociedade da informação o que está em jogo é a qualidade da nova força de trabalho que não se restringe aos homens, mas também ao trabalho feminino, exigindo altos níveis de qualificação técnica e conhecimento teórico que, paralelamente, demandarão "longos períodos de educação e treinamento" (Kumar 1997:37).

Para os teóricos da sociedade da informação, o conhecimento vem influenciando o trabalho de modo a ampliar o conteúdo de conhecimentos do que já existe, e fica evidenciado que a tecnologia da informação adiciona mais qualificação do que exclui.

Parte dessa dinâmica pode-se encontrar nas empresas que se apóiam em tecnologias leves (*software*), provocando alterações nas atividades e postos de trabalho, e na gestão da produção.

Segundo alguns autores, como Pochmann (2001:45), há evidências de novas organizações de tarefas que levam a um novo perfil do trabalhador:

- a ampliação do número de tarefas exercidas e a diminuição da repetição dos movimentos e tempos mortos;
- a rotatividade das funções levando o trabalhador a uma polivalência em suas atividades;
- o aumento relativo do poder decisório e autonomia através da combinação de atividades de execução e controle;
- o estímulo ao trabalho em grupo por meio do estudo de situação-problema que interfere no desenvolvimento das operações de produção e bens de serviço.

> "Fica evidenciado que a tecnologia da informação adiciona mais qualificação do que exclui."

Outro elemento a considerar é o questionamento oposto ao da sociedade da informação, que alguns teóricos fazem do alto índice de exclusão de algumas classes de trabalhadores e não na elevação do conhecimento e novas perspectivas profissionais.

Para Kumar (1997:36) deve-se ter um pouco de imparcialidade no tocante a alguns críticos da sociedade da informação uma vez que

> *"as predições mais assustadoras – até agora, pelo menos – careciam de fundamento. A tecnologia da informação substituiu alguns trabalhadores – não apenas ou sempre empregados de escritório –, mas criou também novos cargos em várias áreas".*

Tal suposição, para Kumar (*op. cit.*, p. 37), deve-se ao número de realocações de trabalhadores devido à redução de custos que, para alguns autores, possibilitou um aumento dos serviços oferecidos, bem como o treinamento de trabalhadores deslocados para novas atividades.

Conclui-se que, com os elementos levantados, a estrutura profissional da sociedade pós-industrial, tal como abordado por Bell, vem dando ênfase aos profissionais liberais e aos técnicos, especialmente de cursos superiores, com alta qualificação técnica e conhecimento, em detrimento dos operários das grandes fábricas vigentes na sociedade industrial.

Poder de Atuação das Empresas Globais

Chamo a atenção para o local típico, considerado por Bell, por contemplar uma nova forma de atuação das empresas denominadas transnacionais que passam a atuar em mercado global, sendo capazes de procurar no mundo todo "pessoas, recursos financeiros e matérias-primas" (Keegan e Green, 1999:18) que as tornem competitivas no mercado internacional:

> *"As grandes fábricas deram lugar às empresas dotadas de um sistema de informações* on-line *com capacidade de pesquisar nos diferentes ambientes do mundo aqueles fatores que as desafiam a atuar no mercado global tal como 'oportunidades, tendências, riscos e recursos'"* (Keegan e Green, *op. cit.*, p.32).

Alguns autores apontam a empresa transnacional como aquela que possui foco e visão de forma cada vez mais estratégica com as tendências do mercado do segmento em que atua, com diferentes partes do globo, de forma automatizada e enxuta, cedendo lugar aos grandes complexos fabris.

Segundo ainda Keegan e Green (1999:12),

> "Acima de tudo, a empresa global de hoje, diferentemente daquela descrita por Servan-Schreiber, não é criação exclusivamente americana. Muitos setores industriais europeus estão vivos e prósperos. Muitas empresas globais, como a Nestlé e a Philips, a Volkswagen e a Unilever, têm sedes na Europa".

Há uma preocupação de estudiosos com o crescimento de empresas de mercado global que também interferem nas estruturas de poder de todo o mundo, levando essas organizações a adquirirem maior poder do que muitas nações na conquista de espaços, identidade e leis próprias. As multinacionais são algumas dessas organizações que usam a justificativa da necessidade de forte direcionamento central, "sendo as subsidiárias estrangeiras estritamente controladas através de regras, políticas e regulamentos definidos pela matriz central" (Morgan, 1996:307).

No tocante ao Brasil, dados da pesquisa realizada em 2005, da World Economic Forum – WEF[6], indicam que ele, ocupou, naquele ano, a 49ª posição no Índice de Competitividade Global. "Para a WEF a competitividade de um país é sua capacidade de gerar altas taxas de crescimento de maneira sustentada" (Almeida, 2000:11), o que me leva a trazer para a realidade brasileira essas questões da sociedade pós-industrial.

> "Há uma preocupação de estudiosos com o crescimento de empresas de mercado global que também interferem nas estruturas de poder de todo o mundo."

Outros pontos a serem destacados são os diferentes locais de trabalho previstos por Bell, a partir da tecnologia da informação, onde se aborda o teletrabalho que vem levando os profissionais a lidarem com diferentes formas de execução e controle de suas atividades, diferentemente de modelos tradicionais de espaços físicos delimitados.

Além do teletrabalho, certos autores falam da "sociedade centrada no lar", onde as pessoas poderão ampliar o seu poder de consumo, gerir as suas contas bancárias e interferir diretamente no mercado, ao optar por este ou aquele produto, esta ou aquela empresa, gerando nas orga-

---

[6] Entidade internacional com sede em Genebra, responsável pela realização anual do encontro mundial de lideranças políticas, sindicais, acadêmicas e empresariais sobre o tema da globalização da economia.

nizações e nos profissionais que delas participam uma nova forma de lidar com esse novo meio de acesso intitulado Internet.

Não tem sido diferente, quando é abordada a questão da educação à distância, que a concepção do *on-line* traduz para esses trabalhadores uma nova forma de acesso à educação e, para as escolas, uma maneira de ampliar a sua atuação, atraindo profissionais em busca de uma maior qualificação, realocação de funções ou de perspectivas de recolocação no mercado de trabalho.

Trabalhadores do Conhecimento

Certos teóricos apontam para uma nova classe de trabalhadores da era do conhecimento, que retratam a qualidade da força de trabalho e, segundo eles, os trabalhadores científicos, técnicos e profissionais, do nível superior, são responsáveis pelo crescimento ocupacional da sociedade pós-industrial.

Diversos autores, como Kumar (1997:37), expressam o anseio de que surgirá uma "nova classe de serviço de trabalhadores do ramo do conhecimento, homens e mulheres" e que eles dependerão de constantes treinamentos e educação prolongada de modo a ocuparem esses novos espaços ocupacionais.

Os administradores da informação, citados por Bell, e, conforme já visto neste trabalho, são os que estão interagindo na organização não somente com a execução das atividades, mas com o controle demandando uma maior capacidade de análise e conteúdo teórico.

Pochmann (2001:52) também ressalta essa necessidade quando diz que:

> *"Novos conhecimentos científicos e tecnológicos estariam associados às exigências empresariais de contratação de empregados com polivalência multifuncional e maior capacidade motivadora e habilidades laborais no exercício do trabalho".*

No tocante às mulheres, há ainda que se questionar se estão em ocupações profissionais que demandem um alto índice de conhecimento ou sendo absorvidas em atividades rotineiras e subqualificadas.

Através do estudo apresentado por Ann Morrison (*apud* Bento, 2000:104), existem "duas grandes áreas de discrepância que afetam o processo de carreira profissional de mulheres e minorias nos níveis de alto escalão".

Essa observação traduz-se, por um lado, nos estereótipos de que se encontram despreparadas para tais cargos em contradição aos casos de desempenhos bem-sucedidos; por outro, é a contradição existente entre o tipo de liderança que as empresas dizem precisar e como efetivamente a sociedade e as empresas agem para apoiar essa demanda.

Ensino Superior como Mobilidade Econômica

Muitos autores discutem se a tecnologia da informação não evidencia uma teoria taylorista, uma vez que a organização vem exigindo dos trabalhadores alta qualificação e, como pré-requisito, a formação acadêmica superior, os levando mais a uma "proletarização" do que propriamente a uma profissionalização. Podemos evidenciar tal consideração em Kumar (1997:37) quando diz:

> "*Esse processo pode ser disfarçado com grande eficiência por estatísticas ocupacionais que sugerem uma força de trabalho mais culta e treinada. O crescimento do credencialismo – isto é, a exigência de credenciais (qualificações) mais altas para os mesmos empregos – e o conhecido processo da inflação de rótulos de emprego e autopromoção ocupacional podem criar a impressão, inteiramente errônea, de crescimento de uma sociedade mais 'culta'*".

Para Pochmann, estamos sujeitos a incorrer em erro ao considerarmos que a sociedade pós-industrial trouxe um número maior de ocupações qualitativas e, em especial, de ocupações oriundas de ensino superior, quando ressalta que:

> "*O que pode ocorrer, algumas vezes, é a utilização de trabalhadores qualificados em ocupações com menor grau de exigência profissional, como fenômeno resultante do acirramento da competição no mercado de trabalho, e a marginalização dos trabalhadores com baixa qualificação*" (Pochmann, 2001:54).

Para que o trabalhador desta sociedade pós-industrial atinja uma mobilidade social é necessário que ele obtenha uma avaliação de desempenho que corresponda aos objetivos traçados pela organização, conforme o que se pode extrair do modelo de KSAO (Conhecimento/Habilidade/Capacidade/Outras), utilizado pelas áreas de recursos humanos, como instrumento de avaliação de desempenho dos trabalhadores:

> *"Conhecimento (K) – as informações específicas necessárias para realizar as tarefas de um cargo/trabalho. Esta é tipicamente adquirida através da educação formal, treinamento no trabalho e experiência profissional.*
>
> *Habilidade (S) – proficiência na utilização de ferramentas e equipamentos no trabalho. Essa habilidade pode ser adquirida através do ambiente educacional ou ser aprendida no trabalho de maneira informal. Alguns exemplos de habilidades com ferramentas são: utilizar um processador de textos, dirigir equipamento pesado.*
>
> *Capacidade (A) – conceitos como inteligência, orientação espacial, tempo de reação. Capacidades são geralmente mensuradas por testes que fornecem estimativas do grau que a pessoa possui de uma capacidade específica necessária para realizar uma tarefa de um cargo/trabalho.*
>
> *Outras (O) – outras características necessárias para se realizar bem um trabalho. Essa categoria inclui habilidades de desempenho, atitudes, personalidade e outras características pessoais necessárias. Por exemplo, iniciativa, criatividade e improvisação são outras características, refletindo mais como uma pessoa realiza um trabalho em vez do que ela realiza ou é capaz de realizar"* (Green 2000:39).

Observa-se que a mobilidade socioeconômica do trabalhador é condicionada, como prevista por Bell, a partir do grau de conhecimento, instrução, estética e criatividade.

> **"Para que o trabalhador desta sociedade pós-industrial atinja uma mobilidade social é necessário que ele obtenha uma avaliação de desempenho que corresponda aos objetivos traçados pela organização."**

CAPÍTULO 4

Centrados nas Regras do Mercado

Sociedade com Foco no Mercado

Considero importante abordar alguns aspectos levantados por autores, quando questionam se a natureza humana se encontra refém de uma política cognitiva, quando as pessoas são levadas a agir, decidir e fazer escolhas de uma forma utilitária, não levando em conta os aspectos subjetivos da sua vontade própria.

Para esses teóricos, o homem, na sociedade atual, é apenas uma criatura que se comporta de acordo com os processos auto-reguladores de mercado, revertendo-se na exploração da capacidade humana de produção.

Como pretendo focalizar as competências requeridas pelas empresas, há de se questionar se os profissionais, de maneira geral, estão sendo induzidos a adquirirem habilidades levando em conta puramente os interesses do mercado produtivo e deixando de lado os interesses inerentes à sua auto-realização.

Em Guerreiro Ramos (1989:92), encontramos as conseqüências de uma sociedade centrada no mercado, ressaltando-se que em nenhuma outra sociedade do passado foram os negócios o centro da vida da comunidade e que:

> *"Nos dias de hoje, o mercado tende a transformar-se na força modeladora da sociedade como um todo, e o tipo peculiar de organização que corresponde às suas exigências assumiu um caráter de um paradigma, para a organização de toda a existência humana. Nessas circunstâncias, os padrões do mercado, para pensamento e linguagem, tendem a tornar-se equivalentes aos padrões gerais de pensamento e linguagem: esse é o ambiente da política cognitiva".*

"Para esses teóricos, o homem, na sociedade atual, é apenas uma criatura que se comporta de acordo com os processos auto-reguladores de mercado."

Novamente, o papel da escola é discutido quando esses autores apontam o rendimento da escola a esse tipo de modelo e que é, antes de tudo, "uma manifestação do sucesso da política cognitiva" (*op. cit.*, 1989:92).

Para esses estudiosos, a mobilidade social do trabalhador é ilusória, uma vez que pagou um preço bastante elevado por ela, ao perder a liberdade de buscar a sua auto-orientação.

Recorrendo ainda a Guerreiro Ramos, observamos a fundamentação para uma das conseqüências destas transformações da sociedade pós-industrial quando da exclusão de trabalhadores considerados "pouco qualificados":

> *"Na sociedade de mercado, atualmente, apesar do fato de que a produção de bens e serviços demonstrativos equivale, se é que não excede, a produção dos bens e serviços primaciais, o mercado está de novo incapaz de proporcionar empregos para todos os que desejam trabalhar. Isso se transformou numa tendência estrutural secular, que desafia qualquer sistema de políticas econômicas, incluindo aquelas de natureza keynesiana"* (op. cit., 1989:105).

Alguns teóricos classificam o desemprego estrutural como a principal decorrência de todas essas transformações, que interferem no mercado de trabalho e têm sido alvo de estudo e de preocupação: para os países neocapitalistas (Martins, I., 1996), pelo risco da perda de competitividade, e para os países socialistas, como a China, que "fazem-no à custa de uma profunda redução da dignidade humana e das condições de trabalho, não muito distintas dos campos de concentração ou de prisões domiciliares" (Martins, I., *op. cit.*, p. 12).

No que tange aos países menos desenvolvidos, alguns autores chamam a atenção para o desemprego circunstancial "decorrente de políticas de ajuste monetário e recessivas, que tornam mais dramática a realidade de sua população em comparação com a de muitos países" (Martins I., *op. cit.*, p. 12). Neste aspecto, o mercado produtivo tende a impor regras de subutilização da mão-de-obra.

Contrapondo-se a esses pensamentos que chamam a atenção para uma sociedade centrada no mercado, André Giordan (*apud* Morin, 2001:228) assinala:

"o indivíduo tira partido de seus sucessos e de seus fracassos para reaproveitá-los em suas práticas futuras. Da mesma forma, as sociedades, as empresas, as instituições humanas precisam, para serem eficientes, da criação e da otimização de mecanismos de regulação".

Há alguns autores que já começam a fazer uma comparação entre as interferências mundiais na oscilação do mercado de capitais, provenientes dos índices das bolsas de valores, com o mercado de trabalho, onde, segundo Pastore (1998:179),

"as novas tecnologias e métodos de produção estão permitindo aos moradores de um país trabalharem para empresas de outro país. Por isso, os mercados de trabalho de um país passaram a influenciar os mercados dos outros".

No tocante aos empregos que saem do universo estritamente formal, do vínculo empregatício para novas formas, como a mão-de-obra terceirizada, ou o empreendedorismo que vem sendo comumente aceito pelas empresas que atuam em mercado global, são elementos que enfatizam uma sociedade centrada no mercado.

Como atuar num mundo quando novas modalidades de trabalho surgem e fazem com que trabalhadores e empresas revejam essa relação? Quando novos postos de trabalho emergem e outros desaparecem?

Tais mudanças são descritas por Bridges (1995:215):

"Como o mundo antigo significava uma coisa diferente para cada um de nós, a transição vai variar bastante de pessoa para pessoa. Mas como somos todos membros de uma sociedade que conferia aos empregos funções e significações específicas, a transição coletiva nos confrontará com um desafio comum".

Às áreas de recursos humanos cabem essas reflexões sobre o desenvolvimento de carreiras dos profissionais de suas organizações. Há uma constante preocupação com a atração e a retenção de talentos que possam efetivamente conduzir as empresas aos resultados de alta competitividade.

> "Às áreas de recursos humanos cabem essas reflexões sobre o desenvolvimento de carreiras dos profissionais de suas organizações."

Por outro lado, assistimos a um número imenso de profissionais que, confusos com o rumo da carreira, não consegue buscar alternativas de qualificação e capacitação para convergir com estes desafios contemporâneos.

Transformações nos Perfis

O estágio de estudantes é uma atividade de complementação curricular e objetiva conciliar conhecimentos teóricos, ministrados em sala de aula, com a realidade do mundo do trabalho. Por absoluta falta de informação sobre o real valor do programa de estágio, alguns questionamentos equivocados sobre o objetivo da empresa ao captar estagiários ainda persistem. Questionam se o interesse decorre de uma necessidade de mão-de-obra de baixo custo. Afirmo que a empresa que se utiliza do programa de estágio com esta prerrogativa não compreendeu o seu aspecto educacional e formativo e coloca o negócio de sua organização em risco por ausência de profissionais qualificados. Ao implantar o programa de estágio, a organização, além de contribuir para a formação dos jovens, está utilizando um excelente recurso de captação do seu futuro quadro profissional.

O programa *trainee*, tal como o estágio, tem sido utilizado por algumas organizações como um preparo e capacitação de jovens recém-formados para ingresso no plano de desenvolvimento de carreira dentro da sua política de gestão de pessoas.

No capítulo que trata da opinião dos gestores sobre todas as transformações no mundo organizacional, veremos que, para as lideranças, estes programas ganharam um diferencial a partir do entendimento de sua importância como atração de novos talentos para as organizações.

> "Ao implantar o programa de estágio, a organização, além de contribuir para a formação dos jovens, está utilizando um excelente recurso de captação do seu futuro quadro profissional."

Para alguns autores, é através do desenvolvimento de competências que um profissional poderá se tornar competitivo no mercado de trabalho, reunindo os conhecimentos adquiridos, as habilidades físicas e mentais, o modo de atuar e a experiência adquirida ao longo da vida.

Essa prerrogativa pode-se observar em Minarelli (1995:52) ao afirmar que "competência é sinônimo de capacidade profissional (...) e desenvolvida pela formação escolar, pelos treinamentos recebidos, pelo autodidatismo e pela vivência cotidiana".

Moura e Carvalho (1999:150) citam as competências universais de McCauley (1989), dentre elas:

> *"como adaptar-se a mudanças e situações ambíguas; assumir riscos; dominar rapidamente novas tecnologias; ter espírito de decisão; administrar equipes com eficácia; ter sensibilidade; manter o equilíbrio entre o trabalho e a vida pessoal; praticar o autoconhecimento; bom relacionamento; e atuar com flexibilidade".*

> **"É através do desenvolvimento de competências que um profissional poderá se tornar competitivo no mercado de trabalho."**

Simon Franco (1997:30) também chama a atenção para as disposições e habilidades pessoais que estão sendo mais exigidas pelas empresas do que a aquisição de conhecimentos especializados. O autor compara o que identifica como "perfil antigo do profissional" com o "novo perfil", que transcrevo a seguir:

- Perfil antigo – seguidor; leal; paciente; especializado; executor.

- Novo perfil – iniciativa; liderança; criatividade; autodesenvolvimento; multifuncionalidade; agilidade; flexibilidade; gerenciar o risco; educador; lógica de raciocínio; prontidão para resolver problemas; habilidade para lidar com pessoas; trabalho em equipe; conhecimento de línguas; informática; e resistência emocional.

Macedo (1998:209), no livro de sua autoria, voltado para o público jovem, de orientação sobre a escolha da profissão, cita as habilidades essenciais apontadas por Murnane e Levy, *apud* Macedo (1998:209):

> *"ler, compreender e interpretar fluentemente textos usados no ensino médio; comunicar-se eficientemente tanto de forma oral como escrita, para dar e receber informações em grupos; trabalhar em grupo com pessoas de diversos graus de experiência; dominar a matemática básica do ensino médio; resolver problemas semi-estruturados, onde hipóteses devem ser construídas e testadas; usar microcomputadores para tarefas simples, como processamento de textos, planilhas de cálculos e preparo de gráficos".*

Saviani (1997:30) acresce às características anteriores "bom senso, domínio de outros idiomas e a cultura global" que ajudam os profissionais a adquirirem, segundo o autor, "alta taxa de empregabilidade".

No que se refere às lideranças, Prahalad e Hamel (1995:5) ressaltam essas competências que, segundo eles, precisam estar dispostas a reavaliar continuamente a visão da empresa de acordo com o futuro, porque "é preciso energia intelectual substancial e constante para desenvolver respostas sólidas e de alta qualidade para perguntas".

Tais exigências das organizações ficam a desejar, em termos de competências, pois, segundo ainda esses autores, uma vez que as lideranças "precisam admitir que o que sabem hoje, o conhecimento e a experiência que justificam sua posição na hierarquia da empresa, pode ser irrelevante ou infundado no futuro" (*op. cit.* 1995:5).

Há uma linha condutora que define o quanto esta dimensão das competências dos profissionais sofre mutações e gera um novo olhar para o ser humano.

Savioli (2005:49) chama a atenção para este prisma quando diz que:

> *"A habilidade do **ser humano** pede sua definição, pelo menos, na dimensão espiritual, comunitária, familiar e profissional".*

Todos esses autores confirmam os dados coletados na pesquisa de campo e nas entrevistas com os gestores que, independente da área profissional, os cursos complementares e as habilidades pessoais ganham especificidade.

Práticas Globais de Recursos Humanos

Oferecendo uma experiência prática de outros países, com o intuito de reunir elementos, sob o enfoque do recrutamento de profissionais, recorro à pesquisa realizada pela empresa americana MANPOWER (2000), especializada em consultoria em RH, intitulada "As Práticas de Recursos Humanos nas Empresas".

Essa pesquisa foi realizada no período de 24 de janeiro a 3 de abril de 2000, numa amostra de 400 departamentos de recursos humanos por país. Foram envolvidos: Alemanha, Estados Unidos, França, Grã-Bretanha, Itália, Japão e Países Baixos.

Dentre os vários itens da pesquisa da MANPOWER (2000), todos referentes às práticas de recursos humanos, destacaram-se, para contribuir com o trabalho, os critérios de recrutamento e de formação profissional exigidos pelas empresas daqueles países pesquisados.

No que se refere ao recrutamento de profissionais, foram pontuados na pesquisa citada os seguintes itens: saber (diplomas); saber-fazer (competências que reúnem experiência profissional, cursos complementares, cultura geral etc.) e a atitude (saber-ser) que também foi um pré-requisito considerado na pesquisa.

Nesses critérios de recrutamento da MANPOWER (2000), destacam-se os seguintes resultados:

- países nos quais as áreas de recursos humanos privilegiam a experiência profissional: França (66%), Alemanha (59%) e Itália (50%);
- países nos quais as áreas de recursos humanos privilegiam as atitudes dos candidatos: Japão (56%), Países Baixos (48%) e Grã-Bretanha (40%);
- os diplomas privilegiados pelas áreas de recursos humanos das empresas americanas (39%) ou japonesas (25%), que consideram pouca a experiência profissional (14% os Estados Unidos e 17% o Japão).

No cômputo geral, o maior índice de importância dado no recrutamento pelo total das áreas de recursos humanos pesquisadas foi saber-fazer dos candidatos, num total de 41%; o segundo lugar ficou para as atitudes dos candidatos, que foram sinalizadas por 32% das empresas e, por último, os diplomas, que atingiram o percentual de 21%.

Dos objetivos do nível de exigência quanto ao mercado dos candidatos apontados na pesquisa:

CRITÉRIOS COMPARTILHADOS NA EXIGÊNCIA DO PREPARO E QUALIFICAÇÃO DOS PROFISSIONAIS			
Países	Saber	Saber-Fazer	Saber-Ser
Estados Unidos	34%	27%	38%
Grã-Bretanha	27%	34%	29%
Países Baixos	32%	37%	23%

Fonte: MANPOWER, 2000.

No tocante à formação, a pesquisa pretendeu conhecer as exigências quanto ao desenvolvimento do saber, do saber-fazer e das atitudes (saber-ser).

Observou-se que, no cômputo geral, o maior índice neste requisito foi o saber-fazer, onde 53% das empresas dos países pesquisados consideraram o mais importante, no seu grau de exigência quanto à formação dos candidatos, demonstrando que a experiência aliada ao saber, ou seja, unindo as competências adquiridas pelos profissionais, o "estoque de conhecimentos" (Villela e Leôncio, 1999) ainda é um fator determinante.

Em seguida, a pesquisa aponta para as atitudes, com 23%, e o saber (somente o diploma) com 20% das empresas.

Capítulo 5

Uma Visão do Brasil em Campo

> "Não estar atento a estas questões, que gravitam em torno das áreas de recursos humanos, é distanciar-se da estratégia maior de preparar e capacitar as organizações."

Podemos observar que as competências exigidas pelas áreas de recursos humanos dos diferentes países ganham especificidades, tanto no aspecto de formação acadêmica, quanto na valorização da experiência adquirida e na aplicabilidade do seu conteúdo técnico, como as atitudes, que estão muito mais vinculadas à geração de resultados e tomadas de decisão diante da alta competitividade no mundo organizacional.

Não estar atento a estas questões, que gravitam em torno das áreas de recursos humanos, é distanciar-se da estratégia maior de preparar e capacitar as organizações com profissionais que reúnam estes critérios, que permitirão constituir um time de talentos que, certamente, fará a diferença no alcance dos resultados e no sucesso do negócio.

O que Dizem as Principais Cidades Empregadoras?

Aprofundando todas estas questões num panorama Brasil, em 2001, desenvolvi uma pesquisa com o objetivo de identificar os principais elementos da sociedade pós-industrial, apontados por diversos estudiosos, comparando-os com os aspectos evidenciados de competências requeridas ou desejadas, a partir dos olhares e das falas dos próprios e diversos atores sociais, oriundos dos locais típicos pesquisados: empresas de grande porte que atuam em mercado global e universidades.

A amostra foi selecionada a partir da estratificação em sete regiões metropolitanas do Brasil, cujas cidades apresentam o maior percentual de emprego formal no país, tendo como fonte a Geografia de Mercado. As regiões metropolitanas e os seus respectivos percentuais de empregos formais do total Brasil são:

- São Paulo – 19,1%;
- Rio de Janeiro – 9,4%;
- Belo Horizonte – 4,6%;
- Porto Alegre – 3,7%;
- Curitiba – 2,7%;
- Salvador – 2,5% e
- Recife – 2,4%.

A pesquisa teve início em 24 de agosto de 2001 e encerrou-se em dezembro de 2001. Foi realizada em sete cidades metropolitanas, segundo a ordem apresentada na amostra: São Paulo (172 questionários), Rio de Janeiro (84), Belo Horizonte (42), Porto Alegre (34), Curitiba (24), Salvador (22) e Recife (22).

Com os resultados apurados, foi possível identificar:

- os principais impactos das transformações do mercado de trabalho, a partir das características da sociedade pós-industrial, nas empresas brasileiras de grande porte e que atuam no mercado global;
- as competências exigidas por essas empresas aos profissionais;
- as principais características das profissões a partir da formação acadêmica;
- as características atuais e transformações dos meios da educação e do trabalho.

E, posteriormente, descritas essas características e identificadas as competências existentes nas atuais gerações de profissionais, foi realizada uma confrontação com as competências exigidas pelas políticas de recrutamento das empresas, o que permitiu analisar se sofrem impactos ou não provenientes dessas transformações do mercado.

No que se refere aos profissionais de RH, pretendeu-se conhecer informações oriundas das empresas e o mesmo ocorreu com os professores universitários, cujas informações contribuíram para se delinear um escopo da opinião das universidades.

As áreas profissionais mais solicitadas foram apontadas pelos profissionais de recursos humanos que participaram da pesquisa, conforme o quadro a seguir:

A sua empresa recruta com maior freqüência profissionais de que área(s) de ensino?

Itens	Quant.	%
Humanas	31	53
Tecnológicas	21	36
Saúde	2	3
Humanas e Tecnológicas	4	7
Não opinou	1	1
Total	59	100

Os questionários aplicados aos profissionais de recursos humanos demonstraram que as 59 empresas pesquisadas recrutam, com maior freqüência, profissionais das áreas humanas (53%) e, em segundo lugar, tecnológicas (36%).

Com o objetivo de se comparar com a opinião de diversos autores e conhecer, efetivamente, o grau de ensino mais requisitado pelas organizações, para verificar os elementos de uma sociedade centrada no mercado e a "proletarização" do ensino superior, procurou-se conhecer o grau de ensino mais requisitado.

Grau de ensino que a sua empresa exige com maior freqüência:

Itens	Quant.	%
Ensino do 1º grau	3	5
Ensino médio	19	32
Ensino universitário	31	53
Pós-graduação	1	2
Mestrado	1	2
Ensinos médio e universitário	2	3
Ensino universitário e pós	1	2
Pós-mestrado	1	2
Total	59	100

É interessante observar o alto índice de remuneração, nas empresas, de profissionais com curso superior. Este dado confirma os do IBGE (2005) que chamam a atenção para o crescimento da escolaridade, de acesso ao ensino superior, porém com uma renda mensal decrescente.

- Do universo de empresas pesquisadas 56% informaram não exigir o domínio de outro idioma. O inglês obteve 39% de exigência evidenciando o crescimento dessa habilidade no recrutamento de profissionais.
- A informática já é uma ferramenta de trabalho exigida por 95% das empresas pesquisadas, pondo, definitivamente, uma competência técnica incorporada aos pré-requisitos solicitados aos profissionais.

O ensino acadêmico na aquisição de competências necessárias ao profissional, na opinião de 75% dos participantes da pesquisa, atende em parte e, para 10%, não atende.

Na opinião dos trabalhadores de diferentes campos profissionais pesquisados, a formação acadêmica desempenha um papel fundamental na obtenção do sucesso profissional, mesmo considerando que a universidade respondem parte ao que é exigido pelo mercado de trabalho.

Os programas de etapas são adotados por 97% das empresas pesquisadas e 34% possuem programas *trainee*. Foi alto o índice de empresas (83%) que afirmaram utilizar esses programas como preparação de seu futuro quadro de profissionais.

Na sua opinião, qual o grau de importância da formação acadêmica para que o profissional obtenha sucesso no emprego?

Itens	Quant.	%
Muito importante	65	51
Importante	47	37
Importante em parte	13	10
Não é importante	2	2
Total	**127**	**100**

Para uma melhor análise procurou-se listar as competências conforme o grau decrescente de importância, de forma a conhecer as exigências de acordo com os sujeitos da pesquisa. O percentual de cada item se refere às opiniões das pessoas que assinalaram "importante" ou "muito importante" em cada competência enumerada na pesquisa.

O que pensam os responsáveis por RH nas empresas?

Competências Solicitadas pelo RH, Segundo sua Importância	
Competências	Importante e Muito Importante
Capacidade de Trabalhar em Equipe	90%
Relacionamento Humano	90%
Comunicar-se Eficientemente	81%
Pensamento Criativo	80%
Flexibilidade	76%
Autodesenvolvimento	75%
Domínio de Novas Tecnologias	73%
Conhecimento de Outros Idiomas	41%
Cultura Global	39%

Sob o ângulo da educação, o que pensam os acadêmicos?

Competências Solicitadas pelos Professores Universitários, Segundo sua Importância	
Competências	Professores
Capacidade de Trabalhar em Equipe	75%
Comunicar-se Eficientemente	70%
Relacionamento Humano	70%
Pensamento Criativo	65%
Flexibilidade	63%
Cultura Global	60%
Autodesenvolvimento	58%
Domínio de Novas Tecnologias	58%
Conhecimento de Outros Idiomas	53%

Ouvindo os trabalhadores de diferentes áreas, verificamos a pontuação de competências que lhe são exigidas no momento de avaliação por parte das empresas.

Competências Solicitadas pelos Profissionais, Segundo sua Importância	
Competências	Diferentes Áreas
Capacidade de Trabalhar em Equipe	75%
Flexibilidade	71%
Relacionamento Humano	70%
Pensamento Criativo	69%
Comunicar-se Eficientemente	69%
Domínio de Novas Tecnologias	59%
Autodesenvolvimento	56%
Conhecimento de Outros Idiomas	51%
Cultura Global	43%

Procurando conhecer a opinião dos profissionais de RH e de educadores, sobre a suficiência do ensino acadêmico na formação de profissionais, a pesquisa pôde verificar que ambos consideram insuficiente o ensino das universidades no atendimento às demandas de qualificação dos profissionais ante as exigências do mercado de trabalho.

Na sua opinião, a formação acadêmica do profissional é suficiente?

Formação Acadêmica Segundo o RH e Professores					
	RH		Professores		Total	
	Quant.	%	Quant.	%	Quant.	%
Inteiramente Suficiente	2	3	6	11	8	7
Suficiente	21	36	24	42	45	39
Pouco Suficiente	28	47	23	40	51	44
Insuficiente	8	14	3	5	11	9
Não Opinou	0	0	1	2	1	1
Total	59	100	57	100	116	100

As Transformações na Visão dos Gestores de Pessoas

Para buscar maior complementação do tratamento de informações, para se conhecer melhor os cenários de competências e de transformações globais, realizei entrevistas estruturadas com 15 gestores (2001 e 2006) das áreas empresarial e acadêmica. As empresas entrevistadas foram da área de serviços e da indústria. Quanto às universidades pesquisadas, uma era pública e, outra, privada. Os cargos dos entrevistados: presidente, diretor-presidente, professor, reitor. consultor, diretor de assuntos corporativos e gerente de recursos humanos.

Quando indagados se as organizações estão passando por transformações no processo de gestão, em função da necessidade de sobrevivência num mercado competitivo, as explicações foram fortemente calcadas no aspecto das transformações no mercado de trabalho que estão impactando diretamente o mundo organizacional.

Os Gestores em 2001 afirmaram:

- **Gestor 1:**
  Dois fatores vêm impactando: o movimento sem retorno da globalização e a necessária competitividade (mais qualidade, tecnologia e redução dos custos) exigindo maior e melhor qualificação das pessoas.

- **Gestor 2:**
  O desaquecimento da economia americana, que exauriu seu fôlego para impulsionar o crescimento sem fronteiras do capitalismo mundial; a queda imprevista da Nasdaq; prejuízo de empresas que apostaram na Internet; a crise energética no Brasil; problemas com a economia argentina, propiciando alta do dólar e das taxas de juros e ataques especulativos aos países vizinhos. O sonho da tecnologia 3G e suas caríssimas licenças na Europa parece distante agora. Casos de operadoras como a British Telecom, que se viu obrigada a vender suas operadoras controladas no Japão e na Espanha, e da Deutsche Telekom, que desistiu de seus planos de expansão nos EUA, ilustram os tempos de austeridade que a indústria vive mundialmente.

- **Gestor 3:**

    A intensidade da competição faz com que a gestão tenha que lidar com vários fatores novos: recursos humanos valorizados, processos dinâmicos e baseados em tecnologia, estruturas flexíveis e adaptáveis às novas oportunidades.

- **Gestor 4:**

    Pela acelerada globalização há uma necessidade cada vez maior de transformar o processo produtivo das organizações. O principal mobilizador deste processo é a impessoalidade das organizações. O fator determinante dessa impessoalidade vem ditado pelos índices de crescimento e lucratividade, e o resultado será o produto de fazer mais com menos. Nesse ambiente o processo de gestão é reavaliado diariamente.

- **Gestor 5:**

    A globalização dos mercados, maior transparência nas transações, clientes mais informados e mais exigentes em relação aos produtos e serviços, e integridade ética de seus fornecedores, afetaram diretamente os modelos internos de gerenciamento das empresas. Cada vez mais o processo de gestão passa, necessariamente, pela otimização de custos, ganhos reais de produtividade, visão estratégica e de planejamento, e uma forte sensibilidade no envolvimento de pessoas, grupos de trabalho.

- **Gestor 6:**

    As organizações estão tentando se adaptar de forma variada, em um espectro que vai de mudanças genuínas e sólidas, conscientes, planejadas a mudanças por cópia, por modismo, isoladas, sem preocupação de entender as implicações em negócios e cultura organizacional.

- **Gestor 7:**

    O mundo contemporâneo produziu um conjunto de transformações, que têm influenciado sobremaneira o dia-a-dia das organizações. A competição do mercado é apenas uma parte do *iceberg*. A mais visível.

Em 2006 a pesquisa apresentou:

- **Gestor 1:**

Sim. Vejo que o atraso de entrarmos em uma economia aberta e de mercado faz com que haja necessidade de uma transformação muito forte na visão empresarial brasileira. Ainda estamos em processo de migração de empresas orientadas à produção e a finanças para empresas orientadas ao mercado.

- **Gestor 2:**

Sim, a competição interna e internacional obriga as organizações a se refazer, periodicamente, as perguntas: "O que mesmo estamos fazendo no mercado brasileiro? Quais são mesmo a nossa visão, missão e valores fundamentais? Quais são nossas competências diferenciadoras em relação aos concorrentes? Temos fígado para continuamente mudar para nos adaptarmos às mudanças do mercado?"

- **Gestor 3:**

Sim, há transformações na gestão devido à globalização e conseqüentemente a sobrevivência das empresas neste mercado cada vez mais competitivo que levou às organizações matriciais quando os gestores passando a ter mais de um chefe, um local e outro fora do país, regional de acordo com a área que atuam. Desta forma possibilitando uma maior integração de toda a organização. Mas, por outro lado, exigindo dos gestores maior flexibilidade, adaptabilidade e capacidade de síntese para conciliar duas ou mais orientações, algumas vezes até antagônicas e passar uma única mensagem para a equipe.

Outra mudança que se vê em termos de gestão foi a criação de Serviços Compartilhados, onde se cria, por exemplo, um Departamento de compras, ou finanças ou recursos humanos que atendem, por exemplo, toda a América Latina, desta forma reduzindo custos e possibilitando maior competitividade.

- **Gestor 4:**

Sim. Em função da necessidade de sobreviver num mercado altamente competitivo, as empresas, na sua maioria, ainda, de grande porte, vêm adotando a gestão do conhecimento como um dos pilares para o planejamento, execução, acompanhamento e avaliação de suas atividades, utilizando instrumentos como inteligência competitiva para monitoramento das ambiências socioeconômicas, político-legais, mercadológicas e tecnológicas, entre outras.

- **Gestor 5:**

Sim. As novas tecnologias implementadas nas empresas (automação, ERP, comunicações de uma forma geral) possibilitaram um modelo de gestão mais ágil, enxuto, simples e centralizado. As empresas que se adiantaram e capturaram estas oportunidades, dando retorno aos investimentos realizados, se mostraram mais competitivas – e foram poucas. As demais estão em busca do tempo perdido e precisam se adaptar a esta realidade.

- **Gestor 6:**

Não só pelo mercado competitivo mas pelas demais transformações sócio-políticas da sociedade.

O mercado competitivo apresenta-se de, pelo menos, duas maneiras:

a) a necessidade de as empresas mudarem de dentro para fora (e não esperarem pelas benesses de um estado protetor) através de processos mais inteligentes, absorção de tecnologias e investimento em capital financeiro e humano e,

b) participação em *clusters* com seus concorrentes, através de parcerias e co-criação de forma a poder atender o mercado em produtos/processos/serviços compartilháveis e se concentrar em suas competências estratégicas próprias e diferenciadas.

- **Gestor 7:**

Sim. Alguns paradigmas mudaram principalmente em função de uma competição global (incluindo o fato de novos mercados oriundos do ex-bloco comunista).

1) Mix cultural.

2) Aquisições e fusões tornaram a gestão mais imediatista.

3) *Telecommuter:* trabalho e liderança a distância.

- **Gestor 8:**

Sim, de maneira contínua e crescente. No entanto é preciso dividir em pelo menos duas dimensões: as Permanentes e as Transitórias – Nas de caráter Permanente simplesmente são feitos pequenos alinhamentos – são os valores, ética, relacionamento, comunicação, *feedback*, treinamentos, etc. As Transitórias – mudam a cada instante. Estão ligadas aos sistemas, equipamentos, processos e rotinas.

Procurou-se conhecer a opinião destes gestores sobre as áreas das empresas onde estas transformações poderiam ser evidentes, e foi interessante observar a tecnologia interferindo diretamente não somente no modelo organizacional como nos novos perfis profissionais apontados.

Os Gestores em 2001 afirmaram:

- **Gestor 1:**

    As que dependem mais da tecnologia são as primeiras a sentir a influência: caso da informática e da engenharia. As atividades de controles (finanças) e logística (compras e suprimentos), as que dependem da tecnologia da informação, como as de RH, vêm logo a seguir.

- **Gestor 2:**

    Em todas as áreas, pois todas lutam internamente para sobreviver e ampliar sua importância relativa. Uma forma de comprovar é o levantamento dos investimentos (orçamento: previsto e realizado), o que pode ser redundante com os salários pagos ou mesmo o custo dos MBAs. A área de RH está entre as últimas.

- **Gestor 3:**

    Em várias áreas. A começar pela gestão de insumos e suprimentos, onde a empresa necessita ganhar em economia e agilidade na aquisição. Em produção e distribuição, assegurando qualidade em cada etapa do ciclo. Em serviços ao cliente, com canais de comunicação e integração abertos permanentemente, atuando no pós-vendas, de forma a identificar insatisfações, corrigi-las e atuar proativamente em identificar outras necessidades e diferentes nichos de mercado.

- **Gestor 4:**

    Produção, comercial e logística.

- **Gestor 5:**
Na gestão de recursos humanos, no desenvolvimento de novos produtos e na gestão da tecnologia. Todas estas áreas estão tendo que desenvolver novas metodologias e técnicas para lidar com a intensa transformação.

- **Gestor 6:**
Com maior evidência no setor industrial. Estima-se que cerca de 25 bilhões de dólares tenham sido financiados, mundialmente, em equipamentos de comutação, transmissão, acesso, dados e terminais no último ano. Desse total, cerca de 35% foram destinados a *start-ups* de Internet e operadoras de Telecom. Acredita-se que entre 30 e 40% do valor total financiado pela indústria estejam sob risco de nunca serem pagos. Isso é bastante preocupante, uma vez que dada a acelerada depreciação e obsolescência desses equipamentos, o valor obtido na sua recuperação e revenda pode chegar a apenas 20% do custo inicial dos contratos, para algumas linhas de produto.

- **Gestor 7:**
Necessariamente o impacto é em toda a organização.

Em 2006, tivemos as seguintes respostas:

- **Gestor 1:**
As maiores mudanças têm ocorrido nas áreas de operações. Estas áreas têm sofrido muito para se adaptarem a consumidores cada vez mais exigentes. Outra área muito impactada é a de serviços a cliente. Há que se ter cada vez mais foco no mercado.

- **Gestor 2:**
A situação tem tocado mais os acionistas, os CEOs e os diretores de RH, que têm a obrigação de afrontar seus empregadores e mostrar que a empresa precisa mudar para enfrentar os novos desafios (o que inclui demitir "ótimos profissionais" (no figurino antigo) e admitir ou reciclar aqueles que têm as novas competências requeridas. Quem consegue responder a essas perguntas sobrevive. O problema a ser ultrapassado está menos no "mercado competitivo" (sempre foi, de um modo ou de outro) e mais na miopia dos acionistas e CEOs.

- **Gestor 3:**

    Respondido na questão 1.

- **Gestor 4:**

    As áreas da empresa mais envolvidas na etapa de implantação deste novo modelo de gestão são: Planejamento, Recursos Humanos e Tecnologia da Informação.

- **Gestor 5:**

    As áreas industriais passam por uma transição da estrutura de supervisão de grupos de operadores para uma gestão por células autônomas, onde a responsabilidade pelo cumprimento das tarefas é da equipe. As áreas de apoio são centralizadas, separando o estratégico do transacional e estabelecendo acordos de nível de serviço para seus clientes internos.

- **Gestor 6:**

    Na cúpula, pela necessidade de gerir uma organização de forma sistêmica, voltada para produtividade e inovação. Em RH, pela importância de facilitar a construção de uma cultura com valores e objetivos claros de resultados. Nas áreas produtivas, pela importância da flexibilização em busca de produtos/serviços mais inteligentes. Nas áreas de relacionamento com o mercado, pelo entendimento das novas dinâmicas e pela construção de relações mais sustentáveis com a sociedade.

- **Gestor 7:**

    1) Recursos Humanos.

    2) Marketing.

    3) Operações.

- **Gestor 8:**

    Primeiro é importante dividir o segmento de empresas. As que estão em ambientes mais impactados pelas mudanças: setor do cimento, construtoras, agronegócios que exigem pouca tecnologia, e as que estão em ambientes de alta tecnologia: informática, equipamentos, transportes, bancos, entretenimento etc. Neste segundo grupo todas as áreas são impactadas, inclusive as áreas técnicas que ficavam mais protegidas, e hoje recebem impacto direto do ambiente e buscam por novas formas de gestão. Acredito que as áreas mais impactadas hoje são vendas, marketing e tecnologia.

Indagadas se estariam mais exigentes as empresas, na captação de profissionais, as áreas de RH apontariam que estamos na ponta do *iceberg*, uma vez que os setores de recursos humanos ainda estão longe de dotarem as suas organizações de talentos profissionais dentro dos novos perfis exigidos.

Em 2001, os gestores afirmaram:

- **Gestor 1:**

O profissional procurado pelas empresas, necessariamente, tem que ter um perfil capaz de estar em sintonia com as novas exigências do mundo corporativo, onde regras de ouro de um passado recente podem não mais existir. Não só para recursos humanos, mas para todos que trabalham na organização. Não estão sendo mais exigentes. Estão pedindo as mesmas coisas que pediam para atender as suas necessidades do passado. Como suas necessidades mudaram, mudaram também as suas solicitações, que visam a atender apenas aquelas que são suas necessidades atuais, em um mundo muito diferente. Neste novo contexto, as pessoas têm que ser diferentes a cada dia. A insatisfação com o que já conseguiu tem que ser constante. E é muito difícil encontrar essa predisposição em pessoas de formação educacional, pessoal e profissional muito distinta.

- **Gestor 2:**

As empresas estão cada vez mais exigentes, pois os jovens das mais renomadas universidades estão optando em trabalhar em empresas de alta tecnologia ou fundando suas próprias empresas. As empresas tradicionais estão enfrentando problemas para capturar novos talentos, criando com o passar do tempo um *gap* cada vez maior de competitividade entre as empresas da velha e da nova economia. A única opção para as empresas da velha economia é a transformação para um modelo de negócio ágil e competitivo dentro dos novos padrões de mercado. Essa transformação deve passar também pela gestão de recursos humanos, pois os métodos tradicionais não se mostram eficientes para garantir a manutenção dos talentos. A primeira coisa a pensar é quais são as novas perspectivas dos jovens talentos e implementar um modelo de gestão que os façam estar sempre próximos das empresas. Isto porque não está mais nos planos dos jovens talentos permanecerem longos períodos numa só empresa. Então vejamos os mais importantes anseios dos jovens talentos: estarem envolvidos em constantes desafios profissionais; rápido crescimento profissional; trabalhando duro no início da carreira para terem condições financeiras de fazer o que gostam ainda na juventude; terem autonomia para tomadas de decisão; serem bem remunerados por sua contribuição direta à empresa; oportunidade de trabalhar no exterior para se tornarem profissionais globalizados; desenvolverem o aprendizado de duas ou mais línguas; possuírem um alto nível de empregabilidade; terem *coaching* para o desenvolvimento de carreira profissional. O desafio do gestor de recursos humanos para reter os talentos é tentar atender aos anseios desses profissionais, canalizando essa energia para o crescimento e competitividade da empresa.

- **Gestor 3:**

As empresas exigem profissionais que dominem a tecnologia, que tenham nível superior (cada vez mais), que sejam capazes de se relacionar e que tenham curiosidade e ambição na medida certa.

- **Gestor 4:**

Além da grande necessidade do profissional tecnólogo, há uma nova regra de inspiração, onde valores éticos e sociais são mais exigidos.

- **Gestor 5:**

Cada vez mais as empresas estão refinando seus critérios e a captação de novos profissionais no mercado, dando ênfase à contratação de jovens estudantes estagiários ou profissionais recém-formados como *trainees* para serem desenvolvidos em diferentes competências da corporação. Porém, são exigidos habilidades e conhecimentos típicos da nova economia, como idiomas, microinformática e uma sólida formação acadêmica. Novas competências, como ousadia, criatividade, autonomia, facilidade de integração e relacionamento com outras pessoas, passam a ser essenciais.

- **Gestor 6:**

    As empresas podem estar mais exigentes em função de fatores externos, como a elevação da qualificação de mão-de-obra (aumento da escolaridade média), face ao maior índice de desemprego (mais candidatos) etc. Porém, internamente existe pouca mudança, em que pese os discursos atualizados. Há um hiato entre a prática e a apresentação externa (preservação da imagem).

- **Gestor 7:**

    O preenchimento dos postos-chave nas organizações exige um maior aprofundamento acadêmico, uma experiência diversificada com maior amplitude geográfica e uma habilidade de relacionamento e liderança, para obtenção dos resultados através de pessoas. Certamente o talento continua sendo o maior de todos os pré-requisitos. Nas áreas de Informática e Internet, não é tão incomum encontrar os pequenos gênios, que não concluíram o curso superior.

Em 2006, obtivemos os seguintes resultados:

- **Gestor 1:**

    Sim. Há mais exigência com relação à formação e principalmente a questões comportamentais. Às vezes os perfis procurados são até fora da realidade.

- **Gestor 2:**

    Sim, porque as empresas inteligentes estão focadas mais em competências e (felizmente) menos em experiência, cargos exercidos etc. E essa postura exige muito mais dos candidatos.

- **Gestor 3:**

    Dos profissionais de Recursos Humanos, hoje, são exigidos a visão de negócio e o seu total entendimento, para que as ações de Recursos Humanos possam ser traduzidas em ROI.

- **Gestor 4:**

    Sim. As empresas estão buscando cada vez mais profissionais que, além da capacidade técnica, devem possuir um grande espírito empreendedor e de cooperação somando a atitude ética.

- **Gestor 5:**

    Os profissionais buscam mais e mais realização em todos os sentidos. Querem equilíbrio (pessoal × profissional), desafios, oportunidades de exposição (eventualmente de crescimento), autonomia e um salário justo. Os compromissos com a empresa não são necessariamente de longo prazo, mas "infinitos enquanto durarem" – ou seja, uma grande dedicação enquanto se sentirem que o trabalho faz sentido; mudando esta percepção, buscam uma nova colocação.

- **Gestor 6:**

    Numa economia de pouco emprego, as organizações podem ser mais exigentes na captação de seus quadros, especialmente os quadros que agregam valor. Depende, portanto, do tipo de mão-de-obra que procuram, mas mesmo para as tarefas mais repetitivas o requisito educacional é valorizado, assim como a experiência anterior (gasta menos tempo para aprender o trabalho). As organizações estão trabalhando muito em perspectivas de curto prazo. Já numa perspectiva global, as empresas querem profissionais adaptáveis, mobilizáveis e disponíveis para desafios que não se apóiem em experiências do passado. Querem pessoas para participar de projetos inovadores, o que não significa que queiram pessoas dispostas a riscos, já que as culturas dominantes não são abertas ao risco.

- **Gestor 7:**

    Sim, acho que há mudanças.

    A questão não é propriamente de exigência mas, sim, de perfil.

    A flexibilidade e a agressividade estão em alta. Equivale ao *intrapreneur* que foi o alvo dos *hunters* americanos na década de 90.

- **Gestor 8:**

    Sim, está havendo mudanças e são mais exigentes. No entanto, não necessariamente têm sido mais efetivas. Há uma grande confusão hoje no mercado quando se fala em competências corporativas, competências essenciais, competências dos profissionais (conhecimento, comportamento, habilidades e atitudes). Há uma tendência a se perder nisso tudo e se valorizar para determinados cargos competências que não fazem parte do *core* daquele cargo.

Outro aspecto é o uso cada dia mais intenso de ferramentas de *e-recrutment* que possa agilizar todo o processo bem como oferecer todas as informações possíveis, sejam elas sociais e econômicas, bem como a aplicação de testagens de conhecimentos e comportamentos.

No tocante às competências que os profissionais devem possuir para obter sucesso em sua carreira profissional, os gestores levantaram questões que são cruciais na discussão entre aquilo que o sistema educacional proporciona e o que as empresas exigem. Demonstraram a angústia dos gestores desta sociedade pós-industrial, que estão com a responsabilidade de nutrir as organizações de profissionais capacitados e qualificados, porém não esquecendo que as características pessoais e os valores, que trazem consigo, farão a diferença na cultura organizacional.

Em 2001, os gestores posicionaram-se da seguinte forma:

- **Gestor 1:**
  Hábitos adequados de estudo; tenacidade; humildade intelectual; visão proativa do futuro; habilidade no trato com pessoas; ousadia responsável; comportamento ético.

- **Gestor 2:**
  A competência é uma condição pessoal transitória (momento), fruto, em graus diferentes, de aptidão (talento individual), de educação (transmitida tecnicamente) e de prática (exercício com reflexão). Esta definição é compatível com as clássicas categorias de competências técnica, interpessoal e administrativa e variável com o ambiente. Mas identificar onde e como foi adquirida, ou ampliada, é difícil, senão impossível. O conceito de sucesso profissional é muito complexo e discutível.

- **Gestor 3:**
  Poderíamos elencar, como fundamentais, as seguintes competências: agilidade interpessoal; capacidade de aprendizagem; criatividade; consciência ambiental; saber lidar com ambigüidades; facilidade de trabalhar em equipe; facilidade de trabalhar sob pressão.

- **Gestor 4:**
  Formação acadêmica em reconhecidas escolas; especialização e foco em uma área específica; visão global das organizações –

management; atualização constante; análise sistêmica; gostar de gente.

- **Gestor 5:**

    As principais competências são: aprender a aprender (para não depreciar o seu capital intelectual); aprender a usar a tecnologia (como agente de transformação); criatividade (para propor novas soluções); intuição (para lidar com um ambiente de incertezas).

- **Gestor 6:**

    Ninguém possui a fórmula do sucesso. E vários são os motivos. O mais evidente é que ele não depende exclusivamente do fato de querermos ter sucesso ou das ações nesta direção; existem variáveis intervenientes sob as quais não possuímos qualquer controle. *Mas, se não podemos garantir o sucesso, sabemos, com algum grau de certeza, o que produz o fracasso.* Então, não é exagero pensar que se conseguirmos nos afastar deste caminho, se pudermos evitar as formas de pensar e agir que induzem ao insucesso, teremos boas possibilidades de engrossar o time dos bem-sucedidos profissionalmente. É conveniente que procuremos o significado que a palavra "sucesso" pode ter para cada um de nós. Por exemplo, para alguns representa a possibilidade de movimentar-se no palco da vida sob os aplausos permanentes da multidão; para outros, é contar com o reconhecimento dos seus pares; para outros, ainda, é apenas sentir-se útil e produtivo. Mas também é bom não esquecer que, seja qual for o significado que "sucesso" possa ter para nós, devemos compreender que, em nossa sociedade, embora ele seja parte importante da construção de nossa identidade, não deveria ser o único objetivo em nossas vidas. É muito provável que nosso viver se transforme em algo muito penoso se fizermos do sucesso profissional a única razão de nossa existência – mesmo que o alcancemos.

- **Gestor 7:**

    Capacidade de adaptação a situações novas; foco; visão global e ação local; empreendedorismo; busca permanente de desafios; trabalho em equipe; flexibilidade; capacidade de decidir e informar decisão aos envolvidos; controle do estresse; busca de qualidade de vida.

Em 2006, os gestores afirmaram:

- **Gestor 1:**

  Em minha opinião genericamente ele será um Negociante, Estrategista e Especialista. Isso significa deter a responsabilidade total pela venda e pela rentabilidade do seu negócio ou projeto. Ser capaz de acabar com o isolamento entre especialistas. Ser capaz de pensar sua função estrategicamente. Conhecer profundamente não só o seu negócio como também o do seu cliente. Estabelecer parcerias e alianças estratégicas de longo prazo e conhecer e respeitar os números. Administrar processos, reduzir custos e buscar maior grau de eficiência.

- **Gestor 2:**

  Ler situações e agir situacionalmente. Abertura para desaprender (coisas atuais) e para aprender coisas novas.

  Equilibrar vida pessoal/familiar com a vida profissional (para não atrapalhar o empregador). Bom humor e otimismo.

Gestor 3:

Citarei comportamentos que, junto com habilidades (conhecimentos adquiridos), formam as competências:

Muita resiliência (manter-se flexível em ambientes de constante mudança), ter a humildade de querer sempre aprender (característica dos corajosos), visão de negócios, orientação a resultado e sobretudo paixão pelo que faz.

- **Gestor 4:**

  ✓ Ter atitude empreendedora, focado em resultados.

  ✓ Ser criativo, buscando sempre soluções inovadoras de baixo custo.

  ✓ Ter habilidade de trabalho em equipe.

  ✓ Ter flexibilidade para atuar em difirentes áreas e situações.

- **Gestor 5:**

  Formação é requisito básico: boa escola, inglês (no mínimo), domínio pleno de informática e conhecimentos técnicos na sua área de atuação. A partir daí o que vai diferenciar os profissionais é um conjunto de competências comportamentais que podem variar de acordo com a área de atuação e com as características de cada empresa (cultura). Algumas competências que são, em geral, fundamentais: trabalho em equipe, relacionamento interpessoal, visão sistêmica, motivador, resolvedor de problemas, agilidade nas decisões, bom humor.

- **Gestor 6:**

  Competência para *trabalhar em ambientes diversificados*, pela mobilidade requerida; redução do ciclo de vida de projetos e produtos; competência em *resiliência*, pelas pressões e pelo estresse que as organizações estão gerando; competência de *relacionamento*, pela constante mudança de equipes de trabalho e lideranças, e *autodesenvolvimento*, pela necessidade de se desenvolver e construir suas carreiras independente dos empregos que têm.

- **Gestor 7:**

  Neste ambiente, acho que:

  ✓ Resiliência (resistência a pressão): alta pressão por resultados e baixo nível de suporte gerencial demandam da pessoa capacidade de resistir a pressão, pequenas derrotas e grandes mudanças.

  ✓ Autodesenvolvimento: as empresas não se sentem mais tão responsáveis pelo desenvolvimento das pessoas.

  ✓ Independência emocional (explico: pessoas resolvidas que não dependem do trabalho para serem estáveis por isso não colocam uma carga emocional grande nele, sendo, portanto, mais objetivas e "frias" nas decisões).

  ✓ Foco em resultado: saber construir suas ações baseado em uma lógica a partir dos indicadores de desempenho.

  ✓ Execução: o "papo" do puro planejador não funciona mais, tem que saber colocar para funcionar.

- **Gestor 8:**

  Competências permanentes:

  ✓ Ética, valores, motivação, gostar do que faz, facilidade de relacionamento, cultura, persistência.

Competências transitórias:

✓ Conhecimento de sistemas, equipamentos, estar informado, conhecer os produtos e serviços do segmento no qual atua.

Como o estágio é uma antevisão do campo profissional, e tem sido alvo de investimento das empresas no Brasil, procurou-se conhecer, em 2001, as competências que, na opinião dos gestores, estão sendo exigidas aos estudantes pelas empresas.

- **Gestor 1:**

    Se um estagiário/*trainee* será o executivo do amanhã. A gradação pode ser diferente, mas a busca deve ser das mesmas competências.

- **Gestor 2:**

    Trabalho em equipe; relacionamento interpessoal; iniciativa; inovação; comunicação; comprometimento e capacidade analítica.

- **Gestor 3:**

    Domínio de línguas; domínio da tecnologia e boa capacidade de relacionamento.

- **Gestor 4:**

    Rigorosa formação; informática e línguas.

- **Gestor 5:**

    No caso de jovens estudantes, é necessário que tenha interesse forte em aprender e se desenvolver, curiosidade, persistência em perseguir seus objetivos, facilidade de se relacionar.

- **Gestor 6:**

    Cabe apontar que o termo "estágio" tem sido usado de forma generalizada. O conceito de estágio se aplica como complementação prática à formação teórica de um estudante do curso técnico ou universitário, segundo caracterização legal pelas normas que regem o estágio. Há pouco entrosamento entre as instituições de ensino e o ambiente externo, onde se faz a aplicação. O papel do estagiário, a ser desempenhado de forma progressiva rumo ao profissionalismo, requer instrumental que a escola média ou superior não fornece. Cabe à empresa definir que competências o estagiário deve trazer e que competências a empresa se propõe a desenvolver, ou seja, identificar, estabelecer a progressão definindo padrões, métodos e responsáveis envolvidos. Com que freqüência isto ocorre?

- **Gestor 7:**

    Desembaraço; vontade de aprender; boa formação acadêmica; domínio de um idioma, além do português.

O programa de renovação das organizações e sua capacidade de formar e preparar pessoas são fatores de mudança e ditam as regras na forma de conduzir seus Programas de Estágios e de *Trainee*. Eis como pensam os gestores em 2001, e como estes programas estão sendo alternativos de preparação e capacitação de pessoas, para suprir a empresa de recursos humanos qualificados.

- **Gestor 1:**

    Embora tenha crescido nos últimos tempos a quantidade de empresas que se interessam por esses programas, ainda assim são poucos as que têm tratado desse assunto com a seriedade e competência que o assunto requer. É sem dúvida um caso de hipermetropia gerencial e corporativa.

- **Gestor 2:**

    Para se transformar em afirmação de verdade pressupõe: um programa de estágio bem planejado e executado; um programa de *trainee* bem planejado e executado e a vinculação deste(s) programa(s) com a retenção e o desenvolvimento profissional interno.

- **Gestor 3:**

    As empresas possuem uma cultura própria constituída de valores e idiossincrasia própria. É muito mais produtivo forjar os novos profissionais quando estão em início de carreira, pois assim poderá haver uma maior identidade entre seus valores pessoais e os valores da organização.

- **Gestor 4:**

    Nos últimos 25 anos tem sido a melhor fonte de renovação do quadro profissional da empresa.

- **Gestor 5:**

    As empresas sentem a falta de uma formação mais adequada nas universidades, principalmente na transmissão de valores próprios delas, para que os novos profissionais conheçam a cultura da empresa. Os programas de *trainees* são uma alternativa cada vez mais utilizada.

- **Gestor 6:**

    O objetivo principal é proporcionar aos jovens estudantes oportunidade de vivenciar a realidade de um ambiente organizacional de forma tal que possa sair da universidade com uma formação mais completa, aumentando a chance de se colocar no mercado de trabalho.

- **Gestor 7:**

    Pelo menos desde a metade do século passado, as empresas brasileiras buscam, em estagiários, mão-de-obra de muito bom nível e futuros executivos. Quando os programas foram sérios, os resultados alcançados foram brilhantes. E certamente continuarão sendo.

Como todo o conteúdo deste livro conduz às discussões sobre se o fator de mobilidade e a ascensão profissional de um trabalhador estão diretamente ligados ao grau de instrução e à competência que o profissional possui não se poderia deixar de tratar com os gestores esta questão, já que estão, enquanto executivos e líderes, responsáveis pelo reconhecimento profissional.

- **Gestor 1:**

    Em mais de 90% dos casos, sim. Muitas vezes, no entanto, o "pretendente" pode cair em empresas onde não haja uma visão de futuro e o pensamento seja muito imediatista. Nem sempre, também, o ambiente não-profissional é para ele desafiador e acaba por fazê-lo sucumbir às necessidades mais imediatas.

- **Gestor 2:**

    Com as mudanças organizacionais e a reestruturação de funções, é cada vez maior a pressão que começa a existir por uma política de remuneração mais estimulante. Mesmo sendo complicado falar em formas alternativas salariais, quando o número de desempregados é assustadoramente grande, torna-se imprescindível vincular a competência das pessoas ao seu ganho mensal. Atualmente, as empresas precisam inovar o tempo todo, formando grupos autônomos, polivalentes. É importante reduzir os níveis de hierarquias gerenciais e reformular os métodos de gestão. Esta nova organização não pode mais se pautar em obrigações e direitos. Agora ela visa à eficácia: missão, objetivos, metas, desafios e resultados extraordinários. Nesse contexto, a parceria se baseia em expectativas e retribuições.

- **Gestor 3:**

Há pesquisas sobre isso, principalmente as realizadas pelo economista da Universidade de Chicago, Gary Becker, que formulou a teoria do capital humano, que hoje em dia está voltando à moda. As pesquisas demonstram que o nível salarial de profissionais que adquiriram uma formação mais alta é, em média, maior do que o do restante dos profissionais, e isso tem estimulado a busca por conhecimentos, principalmente dos MBAs.

- **Gestor 4:**

Esses são fatores importantes, aliados a perseverança e flexibilidade.

- **Gestor 5:**

O crescimento do profissional na organização depende de dois fatores: oportunidades na estrutura da empresa e potencial do candidato para corresponder aos desafios do novo cargo/função. Suas competências pessoais são essenciais para fundamentar e garantir este deslocamento, permitindo que o aprendizado de novas funções ocorra com insistência.

- **Gestor 6:**

Não. Deve ser salientado que instrução é diferente de educação. Um indivíduo pode ter mobilidade e ascensão profissional por ser membro de um grupo que ascende, por demonstrar lealdade, conformismo, discrição. Isto é competência social?

- **Gestor 7:**

De forma geral, a resposta é sim. Se considerarmos competência como um conjunto de habilidades em áreas variadas.

Em 2006, as afirmações dos gestores foram:

- **Gestor 1:**

Não creio que esta afirmativa seja totalmente verdade nas organizações. Há um componente muito grande de capital relacional que ainda determina grande parte do processo de ascensão organizacional. Vejo que cada vez mais a formação e a aquisição de novas competências têm sido determinantes. Entretanto o Brasil ainda está longe de ser um país meritocratico. Isso com certeza impacta as relações de trabalho mais do que necessitamos.

- **Gestor 2:**

O grau de instrução terá menos importância na ascensão profissional. O importante não é o grau ou a escola (não importa se o talento tem mestrado por Harvard ou é formado em escola de menor importância do subúrbio), o que valerá será como o profissional consegue transformar suas competências em valor agregado para o empregador.

A formação universitária ainda terá valor, mas para dar cultura geral, "embocadura" para trabalhar em grupo etc. Será um pré-requisito mínimo, será necessária, mas não suficiente.

- **Gestor 3:**

A ascensão profissional é uma combinação dos conhecimentos adquiridos e dos comportamentos. Mas o que realmente dá mais trabalho é alterar comportamentos, pois isto requer persistência, muita força de vontade. É como se alguém destro tivesse que escrever com a mão esquerda. Se não persistir muito, rapidamente volta para a mão direita, que lhe é mais confortável. E por incrível que pareça, são os comportamentos que determinarão seu sucesso.

- **Gestor 4:**

Não totalmente. Grande parte da ascensão de um trabalhador está relacionada as suas atitudes empreendedoras, bem como às habilidades de trabalho em equipe e capacidade de atuação multidisciplinar.

- **Gestor 5:**

Sim. Como mencionado na questão anterior, ter formação é básico. O profissional que não preenche os requisitos básicos de formação para uma determinada posição, em geral não chega sequer a ser considerado para uma ascensão ou contratação. As competências serão diferenciais e quanto mais ajustadas à área e à cultura da empresa, maiores serão as possibilidades de ascensão.

- **Gestor 6:**

No mundo de hoje, não sei o que não estaria ligado à instrução (educação + conhecimento) e às práticas advindas das competências. Os dicionários de competências estão maiores que a Wikipedia! O problema aqui está mais na construção de uma sociedade que ofereça oportunidades de trabalho e que, uma vez que este trabalho esteja disponível, permita que os profissionais se realizem. Não basta, portanto, oferecer trabalho; é preciso que ele corresponda à natureza humana. Isto é ascensão.

- **Gestor 7:**

Sim, a competência. A formação para mim é apenas o passaporte (permite você entrar), mas o visto de imigração é a competência (mantém você e mais...).

Tenho tido contato com muita gente com boa formação mas sem habilidades ou capacidade de executar.

- **Gestor 8:**

Eu tenho uma visão bem distinta da maioria das pessoas. Para mim ter ascensão profissional, sobretudo com prazer, está intimamente ligado aos aspectos comportamentais. Usamos sempre uma frase: "As pessoas são contratadas pelos seus conhecimentos e demitidas por suas falhas comportamentais ou por não terem se adaptado ao cargo". No dia-a-dia podemos ver o quanto essa frase é verdadeira e nas pesquisas que fizemos pudemos ratificar. Quase 78% das pessoas possuem desde pequenas a enormes insatisfações com o que fazem. É como se o indivíduo estivesse nadando contra a correnteza o tempo todo. Dessa forma, entendo que se o cargo exige determinadas características comportamentais e se o indivíduo as possui ficam bem mais fáceis. Talvez eu e você sejamos bons exemplos.

Se o indivíduo tem o comportamento adequado e, além disso, ele tem a perspectiva do desenvolvimento – estar sempre se preparando para as novas oportunidades, à medida que elas aparecem (e aparecem o tempo todo), ele certamente saberá fazer bom uso.

Logo, é importante que ele tenha claro quais são os conhecimentos e comportamentos que ele tem, de quais o cargo necessita e quais são os seus respectivos *gaps*.

Dentro de todos estes aspectos levantados pelos gestores, vê-se que o papel do líder vem extrapolando os conceitos primários de poucos anos atrás, quando se percebia uma condição simplista de avaliar sob o foco exclusivo da produção. Os líderes de hoje são faróis que conduzem suas organizações para fazer a travessia, de todas estas transformações, a uma margem segura de resultados, e que não poderão nunca estar desalinhadas com o desenvolvimento da pessoa.

Observou-se, ao final, que a preocupação central de todos eles é fazer a leitura destes cenários e traduzi-los em políticas de captação e retenção de talentos, para fazer com que suas organizações sejam sustentáveis e ganhem longevidade.

Capítulo 6
Definindo os Papéis

A Educação

Se as empresas, no Brasil, estão se considerando atrasadas tecnologicamente, o que diremos sobre as escolas e universidades que vivem, hoje, uma grande defasagem metodológica e tecnológica?

Realizando palestras e participando de encontros com professores, constato, por outro lado, o pânico que alguns vivenciam em face do domínio que seus alunos demonstram com a tecnologia da informação. Como determinar um trabalho para os alunos sem não considerar hoje o uso de ferramentas e *softwares* de ponta? Como apresentar as aulas sem estar fundamentado em uma boa pesquisa sobre o tema? Ainda mais que o fácil acesso à informação desejada desnuda qualquer teoria mal fundamentada?

Há uma história fictícia que revela bem esta situação da evolução da educação em comparação ao mundo do trabalho. Conta-se que um estudante e um operário do início do século XIX aceitaram participar de experiência científica que se baseava em serem congelados em seus respectivos ambientes: o aluno, na sala de aula, e o operário no setor de produção da empresa. Então, no século XX eles foram descongelados constatando-se que o aluno, ao acordar, viu que a sua sala de aula estava praticamente igual, mudando apenas o quadro de negro para verde, e o mobiliário. Já o operário levou um susto, pois a linha de produção de sua fábrica estava totalmente automatizada e ele não possuía a menor qualificação para manejá-la.

Esta história relata bem o quanto a educação não caminhou e não se desenvolveu ao longo dos anos. Recuperar este tempo está sendo um desafio difícil de transpor, se não houver uma predisposição de todos, governo e sociedade, nesta empreitada.

Nos países desenvolvidos, a educação é a bússola orientadora de qualquer plano de desenvolvimento. Quando participei de um encontro latino-americano na Argentina, pude tomar conhecimento de experiência do México, como já mencionei, que apresentou o seu Plano de

Desenvolvimento para os próximos dez anos, onde a equipe de governo ligada à educação relatou as metas de desenvolvimento econômico daquele país e, a partir de então, junto com as universidades, projetou os cursos que precisariam ser realizados para atender à demanda de postos de trabalho.

> "Nos países desenvolvidos, a educação é a bússola orientadora de qualquer plano de desenvolvimento."

O que presenciamos, hoje, é um acúmulo de novos cursos acadêmicos sem qualquer planejamento prévio, e, ainda pior, profissões que não atendem à especificidade do Brasil.

Quando falamos do ensino médio profissionalizante, o quadro é desanimador. Com o ensino profissionalizante sendo facultativo no currículo, temos um hiato grande de ausências de técnicos. Não valorizamos os técnicos, tendo uma grande ausência de mão-de-obra em determinados segmentos produtivos, por não se investir nessa formação.

A alta tecnologia tem entrado na operação de quase todos os equipamentos e maquinários, sem que as empresas possuam profissionais preparados para dominá-los. Arriscam milhões de dólares nas mãos de operários totalmente despreparados.

As Empresas

Henry Ford, quando foi indagado sobre qual o resultado do seu sucesso, respondeu que "não contratava pessoas, contratava cérebros". Esta tem sido a tônica das empresas que precisam sobreviver às constantes mudanças observadas no século recém-findo e que, neste, não é diferente. Isso as leva a refletir que de nada adiantará investir em tecnologia, se para fortalecer a competitividade não desenvolverem seu capital humano.

As empresas querem atrair profissionais parceiros que comunguem da idéia de que não são cientistas e especialistas em suas carreiras, e que devem tomar para si o desafio de um processo contínuo de aperfeiçoamento profissional.

Estamos vivendo a "cultura da mudança", exatamente ao contrário do que aprendemos ao longo de nossa vida escolar. Administrar a empresa, ou qualquer organização, estará diretamente ligado a administrar a mudança.

Hoje, fala-se em sensibilidade, inteligência emocional, marketing pessoal e competências outras que, seguramente, são adquiridas muitas vezes não no universo da escola, ou na empresa, mas na capacidade de autodesenvolvimento profissional.

> "Devem tomar para si o desafio de um processo contínuo de aperfeiçoamento profissional."

No caso do Brasil, as empresas demoraram a reconhecer que essas mudanças não eram um modismo dos países desenvolvidos e que bateriam, finalmente, em nossa porta. Com isso, estamos seriamente defasados em tecnologia e em mão-de-obra que possam atender à demanda da necessidade do reaparelhamento tecnológico. Há uma séria crise de preenchimento de mão-de-obra qualificada que atenda às reais necessidades das empresas.

Enfrentamos no Brasil o surgimento de áreas como as de petróleo e gás-químico, que se depara com poucas universidades e escolas especialmente voltadas para a formação dessas áreas em expansão.

As empresas globais e de grande porte estão recorrendo aos programas de formação profissional ou criam setores de educação para suprir essa deficiência do ensino.

> "Há uma séria crise de preenchimento de mão-de-obra qualificada que atenda às reais necessidades das empresas."

Procurando atender a essas demandas, as universidades brasileiras estão criando, às pressas, cursos seqüenciais e de extensão para oferecimento de profissionalização nestes novos campos de trabalho.

O que realmente está valendo é o potencial de cada profissional em acompanhar e se atualizar para levar a empresa a ser mais competitiva, alcançar produtividade e manter o padrão exigido pelos clientes.

O Brasil está diante de um grande desafio: conquistar o seu espaço no mercado mundial. Buscar a sua vocação de potência no Cone Sul. E nada disto é possível sem colocar, prioritariamente, a educação no topo das metas de governo e como a base do desenvolvimento econômico.

Os Profissionais de Recursos Humanos

Os profissionais de recursos humanos têm se destacado na tomada de decisão das empresas, para estas alcançarem a competitividade neste tempo de mudanças. Caberá aos recursos humanos das empresas a desafiadora tarefa de dotá-las de profissionais com competência para enfrentar os novos desafios da era da globalização. Mas os desafios passam pelo investimento em novos talentos e, em especial, na força jovem que impulsionará o futuro das organizações.

Costumo dizer que os profissionais de recursos humanos são, essencialmente, educadores. E cabe a eles mudarem alguns paradigmas que insistem em exigir dos jovens a tão falada experiência que não passa de uma grande punição à "Geração Trabalho".

Por que exigir de três a cinco anos de experiência a uma juventude que se prepara para empreender e que vem se acostumando a pensar que o futuro não será o de um emprego formal, mas da capacidade de se tornar "trabalhável"?

Como não incluir no time da empresa um grupo de jovens talentos ávidos pela primeira experiência profissional e, certamente, ansiosos em exercer o trabalho como a verdadeira sobrevida para toda a raça humana?

> "Costumo dizer que os profissionais de recursos humanos são, essencialmente, educadores."

É quase desanimador ver, nos classificados de jornais, ainda uma cultura das empresas empregadoras que, de forma quase "tupyniquim", exige experiência e, se não bastasse, enfatiza que o profissional não poderá ter idade superior a 35 anos, praticamente o considerando já como da terceira idade.

Por outro lado, estamos vendo profissionais de recursos humanos altamente comprometidos com a quebra desses paradigmas, enfrentando verdadeiras resistências à mudança de cultura em suas organizações, instituindo Programa de Estágios e de *Trainee*, como uma moderna forma de realimentar o seu potencial humano.

A "Geração Trabalho" dependerá muito desses profissionais, pois a eles caberá o sucesso ou não de um processo seletivo ou, até mesmo, de uma ambientação na empresa. Aliás, o terror dos jovens é o de se imaginarem em um processo de seleção e entrevistas. As escolas formam os profissionais, mas, na realidade, não os preparam para ultrapassar a porta de entrada das empresas.

E a cada dia o processo seletivo vai se tornando cada vez mais exigente, não medindo somente o conhecimento e o aspecto comportamental mas sim a capacidade e as competências que cada candidato traz consigo.

O que, talvez, ainda é difícil para o profissional de recursos humanos das empresas é dimensionar o que seja uma seleção para profissionais experientes e uma seleção de jovens talentos, o que acaba deixando estes, muitas vezes, em situações quase traumatizantes.

Agora, há empresas que estão à caça de novos talentos, mas já se preparando para recebê-los de forma bem atraente.

Para quem quer enfrentar esse processo seletivo do novo século, saiba que deve revelar possuir alguma cultura geral; para isso, pelo menos ler jornais e revistas de informação ou técnicas; ampliar, progressivamente, o que denomina de "universalização do conhecimento", isto é, não se detendo apenas no que interessa à sua profissão; e revelar algum conhecimento de seu segundo idioma.

Portanto, as áreas de recursos humanos das empresas não deverão se restringir aos limites de uma vida acadêmica, ou somente da experiência adquirida. O profissional deste milênio será aquele capaz de reunir todos esses atributos e construir sua trajetória dia a dia no mercado.

Capítulo 7

Conclusões

Reconhecidamente, por todos os pontos tratados no livro, as organizações e os profissionais e, especialmente, os gestores de pessoas, estão sendo influenciados pelos impactos das transformações no mercado de trabalho, onde a tecnologia da informação, tal como o apontado pelos teóricos da sociedade pós-industrial, impôs uma nova dinâmica organizacional.

Para sobreviverem a essas mudanças, as organizações desenvolvem um modelo de gestão que privilegia aspectos organizacionais, como: recursos humanos, processos de informação dinâmicos, com a aplicação da tecnologia da informação, estruturas organizacionais flexíveis e o estímulo maior à gestão do conhecimento.

Através do estudo dessas transformações do mercado de trabalho foi possível estabelecer algumas correlações com as características da sociedade pós-industrial levantadas por Daniel Bell, de modo a melhor compreender as competências globais e os perfis profissionais exigidos.

No tocante às *instituições básicas*, observa-se que as organizações recrutam profissionais e estagiários, em sua grande maioria, do ensino universitário, o que indica uma valorização da universidade.

Tal observação pôde ser constatada na pesquisa de campo, quando 53% dos profissionais de recursos humanos apontaram o ensino superior como o exigido com maior freqüência. Mas, alguns teóricos criticam essa absorção de mão-de-obra, por considerá-la subutilizada em atividades não condizentes com esse grau de instrução, no que gera uma "proletarização".

Os *recursos principais* traduzem-se pela necessidade das empresas de disporem de maior fluência da comunicação/informação; da produção do conhecimento; e da flexibilidade da gestão e recursos humanos valorizados. Esses elementos foram evidenciados quando as empresas entrevistadas assim classificaram as competências exigidas aos candidatos: o "comunicar-se eficientemente" (70%), o "pensamento criativo" (65%) e o "autodesenvolvimento" (58%).

O local típico citado por Bell, quando trata da "descentralização das fábricas" e das "dimensões adequadas", fazendo com que as organizações se preocupem com a logística e a distribuição de seus produtos. Nas entrevistas realizadas com os gestores de empresas, constatou-se a preocupação com processos organizacionais que contemplem campos profissionais que sejam privilegiados como áreas estratégicas nas organizações atuais. Talvez esta necessidade do mercado de trabalho pudesse ser mais bem explorada pelas universidades, oferecendo cursos que supram esta demanda.

A necessidade de recursos humanos qualificados e de administradores da informação, pela contratação de tecnólogos, faz destes os *atores centrais* da sociedade pós-industrial, conforme os elementos coletados neste trabalho científico. O índice obtido pela área tecnológica (36%) demonstra a presença crescente desse campo do conhecimento nas organizações. Por outro lado, o fato dos profissionais das ciências humanas terem apresentado, na pesquisa de campo, o mais alto índice de recrutamento pelas empresas (53%), poderá estar relacionado à própria estrutura organizacional que, independente da atividade-fim, contempla em seus quadros profissionais as áreas administrativas, de marketing e de recursos humanos.

Quanto ao *fator de coesão*, através da maior interatividade entre as empresas, clientes e nações, verificou-se que redes múltiplas de comunicação, com forte tendência das organizações em passar de uma dimensão local transnacional, com maior importância dada à cultura geral (60%), ao domínio de idiomas (53%) e ao domínio da tecnologia (58%). Especificamente, a Internet e a Intranet foram as ferramentas da tecnologia da informação mais citadas pelos executivos nas entrevistas realizadas.

No tocante à *estrutura psíquica*, foram identificados elementos que confirmam a pressão sofrida pelos trabalhadores. Segundo as empresas pesquisadas, tal se deve a sua necessidade de "apresentar um diferencial competitivo no mercado", evoluindo para um ambiente de alta competitividade. Este elemento identificou uma personalidade narcisista, conforme apontado por Bell, evidenciada no estudo pela exigência aos candidatos de um "pensamento criativo" (65%) e do seu "autodesenvolvimento" (58%). Por outro lado, apesar de exigirem dos profissionais tais competências individuais, as empresas ainda insistem na "capacidade de trabalhar em equipe" (75%). Levanta-se neste trabalho o questionamento: como deve lidar o profissional com a competência de "trabalhar em equipe", quando sabedor de que tem que ser competitivo e apresentar resultados individuais de desempenho, sem os quais, provavelmente, não obterá sucesso profissional?

Já o *fator de mobilidade* do profissional, segundo as empresas, é oriundo da relação entre o seu grau de competência técnica (instrumentalidade) e as competências pessoais (subjetividade) que deverão proporcionar a promoção do seu ganho mensal e de sua ascensão na organização. Na pesquisa de campo com os profissionais de recursos humanos e as empresas entrevistadas, constatou-se que a formação acadêmica, a busca de aprimoramento constante e os cursos pós-universitários vêm fazendo com que haja um maior reconhecimento, através de "cargos e salários compensadores", para os profissionais que se enquadram nesse perfil de "estudante permanente".

Tanto o referencial teórico como a pesquisa de campo identificaram, para as empresas, o alto nível de escolaridade do trabalhador (pós-graduação, mestrado e doutorado), aliado ao desenvolvimento de competências necessárias (conhecimento, habilidades e atitudes) e que correspondem à demanda exigida pelo mercado.

As empresas, na pesquisa de campo e nas entrevistas, apresentaram elementos de *relações com tempo e espaço*, bem como *cenários e previsões*, que poderiam evidenciar uma possível realidade de "orientação para o futuro". Porém, o que se observou foi uma preocupação com o "aqui e agora", um *real time*, face ao processo contínuo de mudanças advindas dos impactos e transformações do mercado de trabalho. Tal prerrogativa pôde ser observada quando da exigência ao profissional de "flexibilidade" (63%), denotando o quanto as empresas estão preocupadas com a capacidade de reagir e de apresentar soluções aos diferentes cenários do mundo dos negócios.

O alto índice de desemprego, *desvantagem* da sociedade pós-industrial, apontado pelas empresas entrevistadas, poderá identificar uma necessidade por parte dos profissionais de se adaptarem a esses cenários, à custa, muitas vezes, da sua própria realização profissional. Guerreiro Ramos (1989:92) abordou esta questão, classificando o mercado como a "força modeladora da sociedade".

No tocante às principais competências pessoais e profissionais requeridas pelas empresas em sua política de recrutamento e seleção de candidatos, foi possível elaborar uma classificação à luz da razão instrumental e da razão subjetiva. Isto porque se observou que as competências solicitadas aos profissionais não se restringem tão-somente ao conhecimento técnico e à formação acadêmica, mas aos aspectos comportamentais. De maneira geral, as competências globais, atualmente exigidas, provocam um impacto substancial nas empresas oriundo das transformações do mercado de trabalho.

Os aspectos comportamentais (atitudes), apontados neste estudo, denotam uma tendência das empresas, à luz da razão substantiva, de exigirem de seus profissionais: iniciativa, dinamismo, bom relacionamento interpessoal e facilidade para trabalhar em equipe. Há dez anos, segundo os autores aqui tratados e pela pesquisa de campo, aos profissionais era exigida uma formação técnica mais qualificada, não sendo as competências comportamentais consideradas pelas organizações em um simples processo de seleção.

Os elementos identificados neste estudo qualificam as competências, dividindo-as em três aspectos: conhecimento, habilidade e atitude. Sendo para os entrevistados o conhecimento e a habilidade (instrumentalidade) adquiridos na formação escolar e com a prática profissional e as atitudes (substantividade), no cotidiano da vida pessoal e profissional, elaborou-se o seguinte quadro:

Competências Subjetivas	Competências Instrumentais
Capacidade de trabalhar em equipe	Comunicar-se eficientemente
Autodesenvolvimento	Cultura global
Relacionamento humano	Domínio de novas tecnologias
Pensamento criativo	Conhecimento de outro idioma
Flexibilidade	

Na quase totalidade dos sujeitos pesquisados, encontravam-se professores e reitores, que consideraram a formação acadêmica aquém do exigido pelas empresas, no tocante às competências profissionais e pessoais requeridas aos trabalhadores. Ressalta-se que as empresas exigem competências pessoais, e as universidades estão se preocupando somente com o desenvolvimento da competência técnica. Essas assertivas vão de encontro ao que os diferentes autores chamam atenção quanto a um ensino que não desenvolve o pensamento reflexivo e subjetivo, ficando a criatividade e a iniciativa como requisitos cada vez mais difíceis de adquirir ao longo da vida acadêmica, sobretudo devido à inibição da auto-orientação.

Por outro lado, cabe questionar se as respostas dadas não poderiam também evidenciar uma sociedade centrada no mercado, distanciando-se de um ensino que leve o aluno mais facilmente a essa capacidade de autodesenvolvimento.

A maior parte das empresas ouvidas (56%), diferentemente dos participantes das entrevistas estruturadas, assinalou não exigir a competência do domínio de idioma estrangeiro. Porém, dentre os idiomas citados, há de se ressaltar o índice, considerado elevado, da solicitação do inglês (39%), demonstrando ser essa uma competência que cresce no grau de exigência das empresas. A estes dados se acrescem alguns elementos, apontados neste livro, demonstrando a progressiva necessidade das empresas interagirem com as de outros países, conquistando novos mercados, o que torna o idioma inglês uma competência instrumental importante para os profissionais da sociedade pós-industrial.

Ainda com referência ao idioma, este domínio poderá ser suprido pelas universidades de acordo com os resultados apontados pelos professores neste trabalho. Será que, realmente, este ensino está disponível aos alunos no ambiente escolar e, ainda, na qualidade que necessitam?

A opinião dos profissionais participantes deste estudo se contrapõe ao que foi dito pelas universidades, no tocante ao idioma, pois afirmam que tais cursos não se encontram disponíveis no ambiente universitário. Se houver a inclusão de uma língua estrangeira no currículo dos cursos superiores, por ser uma necessidade verificada pelas universidades, nos últimos anos, os profissionais da pesquisa não detectaram.

No tocante à competência do domínio da Informática, os profissionais declararam na pesquisa de campo que possuem este domínio. Porém, tal como os idiomas, não adquiriram na universidade. Cabe uma análise: foram as transformações na sociedade pós-industrial que os levaram a adquirir o domínio da Informática?

As respostas dos estudantes pesquisados evidenciaram, também, uma preocupação com o domínio da Informática, que se assemelha com a importância dada pelas áreas de recursos humanos. Embora os professores da pesquisa tenham afirmado que o curso de Informática se encontra disponível aos estudantes, ficou um questionamento: o que fazer com milhares de profissionais que não tiveram acesso a essa tecnologia, ou que não dispõem de recursos financeiros para adquirir o domínio dessa competência? O que fazer com profissionais que não possuem essa habilidade de lidar com o computador, por não terem facilidade de aprendizagem? Então, estamos vivendo a era da exclusão digital, como apontam alguns teóricos no assunto?

No que se refere às competências, resta questionar se, diante de todas essas exigências, as empresas estão dispostas a investir no preparo dos seus profissionais e a interagir com o meio acadêmico. Quais seriam essas competências? Para atender ao imediatismo de uma necessidade emergente do mercado? Por outro lado, as empresas estariam dispostas a investir na educação e em programas de desenvolvimento profissional para superação dessas "deficiências"?

As áreas de recursos humanos estão cada vez mais exigentes nos processos seletivos, utilizando os programas de estágios como um recurso de captação e desenvolvimento de talentos futuros. Conforme mostraram 83% das empresas pesquisadas, nos "últimos 25 anos têm sido a melhor fonte de renovação do quadro profissional da empresa".

Cabe uma análise: seria o estágio, efetivamente, um instrumento de recrutamento das empresas que prepara os seus futuros profissionais, para uma parte da formação acadêmica? O estágio de estudantes atenua as dificuldades de aquisição futura de profissionais qualificados? As empresas possuem um papel fundamental nessa formação complementar de estudantes? As transformações da sociedade pós-industrial incentivaram as empresas, no Brasil, a aderirem ao programa de estágio? Através dos estágios, segundo os entrevistados, os estudantes têm a oportunidade de interagir com o mercado produtivo e buscar o seu autodesenvolvimento numa situação real de trabalho.

Segundo os gestores entrevistados, as exigências de competências pessoais, envolvendo o aspecto atitudinal e a qualificação técnica, são essenciais para qualquer candidato a estágio, bem como o domínio da Informática e de um segundo idioma, considerados pré-requisitos indispensáveis.

A importância da educação profissional também foi identificada por possuir três dimensões: a dimensão acadêmica (currículo), a laboral (experiência adquirida no mundo do trabalho) e a investigativa (resolução de problemas e criatividade). O estágio, efetivamente, pode ser um seguro instrumento de validação do ensino teórico, possibilitando aos jovens um melhor preparo para o mercado de trabalho nesta sociedade pós-industrial. O estágio poderá ajudar os estudantes a vencerem as barreiras de natureza pessoal e profissional que surgem no dia-a-dia da atividade prática dentro das organizações.

Através da pesquisa com os estudantes, foi possível coletar elementos que revelam a preocupação, também, das novas gerações, com a sociedade pós-industrial em atender aos perfis exigidos pelo mercado de trabalho. No quesito considerado "muito importante", 71% dos estudantes registraram a capacidade de trabalhar em equipe; 65% o relacionamento humano; 51% a tecnologia da informação (por reconhecerem que dependerão dela o resto de suas vidas); 47% a flexibilidade (sabem que terão de atuar em situações imprevistas devido aos diferentes cenários) e 56% a comunicação (por vivenciarem um mundo mais interativo e globalizado).

Observou-se, ainda, uma preocupação dos estudantes quanto à eficácia do ensino, no tocante as competências necessárias que precisam adquirir para ganhar em competitividade, no mercado de trabalho: 76% responderam que essa eficácia atende, em parte, as suas expectativas.

Pela diversidade dos contextos político, sócio e econômico do Brasil, cabe ressaltar o quanto as empresas brasileiras, em especial as suas áreas de recursos humanos, necessitam alcançar um maior entendimento quanto aos benefícios dos estágios para os jovens. O estágio, certamente, é um investimento educativo que agrega valor à formação dos jovens estudantes, segundo opinião dos gestores e educadores. Não é raro no Brasil se encontrar empresas que utilizam estagiários de maneira equivocada, ou seja, como substituição de mão-de-obra, desviando do objetivo este valoroso recurso de preparação e formação profissional.

Cabe destacar, nestas conclusões, o enfoque dos educadores que, embora na pesquisa de campo tenham sido bastante críticos quanto à insuficiência do ensino acadêmico (40%), não mantiveram a mesma posição, quando responderam que o ensino atende em parte (88%) às expectativas das empresas. O que falta ao sistema de ensino para preparar melhor o profissional, segundo a ótica dos professores?

Cabe ressaltar que muito ainda poderia se aprofundado neste livro sobre todas as questões aqui levantadas, quanto aos impactos sofridos pelas organizações, oriundos das transformações no mercado de trabalho onde estes cenários vêm impactando diretamente a área de Gestão de Pessoas.

A representatividade da amostra das empresas pesquisadas, assim como a abrangência territorial, pode evidenciar que há uma pertinência por parte das empresas em dotar os seus recursos humanos com perfis e competências globais que atendam aos impactos sofridos nesta sociedade pós-industrial.

Finalizando, caberia ressaltar que este livro não pretendeu, certamente, esgotar a discussão de todas as questões aqui levantadas, mas contribuir para uma reflexão, objetiva, sobre os impactos decorrentes das transformações no mercado de trabalho que vêm intervindo nas organizações e na formação dos profissionais de modo a exigir um repensar constante de seus papéis nesta sociedade. Todas estas mudanças refletem diretamente nos profissionais, gestores de pessoas, e no rumo da formação acadêmica e profissional de nosso País.

Tributo ao Jovem Estudante

Gostaria de dedicar este capítulo aos jovens que vêm fazendo parte de uma nova juventude, que denomino de "Geração Trabalho". É a que compreende, como nunca, o contexto revolto em que vivem, convivendo com a adversidade de uma forma bem pragmática.

Para eles, gostaria de dizer que a globalização é uma realidade, em todo o mundo, decorrente do avanço tecnológico que impulsiona obrigatoriamente ao diálogo e à interatividade entre os países. Com o crescimento das telecomunicações, a informação fica disponibilizada para as pessoas de todo o planeta. Alguns especialistas consideram que a palavra "planetarização" explicaria melhor este fenômeno.

Você, estudante, tenha a plena certeza de que, com a globalização, o conhecimento é o maior patrimônio que qualquer pessoa poderá adquirir. Será exatamente o conhecimento que fará o diferencial entre você e outro estudante num processo seletivo para estágio, por exemplo.

Nos primeiros séculos, detinha o poder aquele que conseguia o maior número de terras. Após a Revolução Industrial, o poder ficou nas mãos dos que possuíam o maior capital, o poderio econômico. A partir do século XX, o poder está fundamentado no conhecimento e na informação.

Talvez você se pergunte: mas se eu tiver o capital, não alcançaria logo o conhecimento? Não! Porque o conhecimento está ligado à capacidade que você deverá ter para enfrentar as mudanças diárias que vêm ocorrendo no mundo. As empresas estão pagando altos salários para profissionais que se prepararam para estes novos entendimentos do contexto organizacional.

As maiores indústrias mundiais estão investindo numa grande expansão do conhecimento tecnológico. Sabem que sobreviverão aquelas que estiverem equipadas para agregar ao seu produto um valor tecnológico diferente de seus concorrentes.

Também é fato que investir no talento humano e em profissionais altamente preparados, neste cenário envolto em transformações, também será o grande diferencial competitivo que todas as empresas estarão buscando.

É exatamente nesse contexto que você, estudante, se insere. Como se preparar para um mercado sujeito a mudanças diariamente? É certo que os quatro ou cinco anos de estudo em uma universidade nada mais são do que um passo tímido para a profissionalização.

Contarão na sua formação profissional as competências adquiridas ao longo da sua jornada de vida. É certo que você está sendo levado a perceber que há um mundo à sua volta que o impele a acompanhá-lo, sob pena de se preparar profissionalmente para um lugar no mercado de trabalho que já não mais existe.

Apesar de muitos anúncios publicitários insistirem em insinuar, junto à opinião pública, uma imagem do jovem como sendo ainda de uma certa irresponsabilidade, que sobe na mesa e chuta o que está sobre ela, ou pega a sua mochila e segue sozinho pela estrada, percebo, nesses anos de trabalho no CIEE RJ, que a "Geração Trabalho" apresenta uma realidade bem distante dessa juventude.

São jovens que desde cedo se preocupam em conseguir uma atividade laborativa, por sentirem na pele a agressividade do mercado de trabalho, que a cada ano se torna altamente excludente, em especial para um jovem recém-formado.

Em visita a algumas das principais universidades americanas, pude constatar que a preocupação maior, daquele sistema de ensino, é fazer com que os jovens retornem aos bancos escolares ingressando em cursos universitários.

A oportunidade de emprego, nos Estados Unidos, é tão grande em qualquer tipo de atividade que os jovens muito cedo adquirem um trabalho qualquer, ficam independentes, casam-se, e não se interessam mais em fazer um curso universitário.

Daí a criação dos *Community College* que oferecem cursos universitários, de até dois anos, para estimular nos jovens a importância de progredirem numa profissão. É uma preocupação do governo americano com a sua futura força de trabalho.

No Brasil, o quadro tem sido outro. Os jovens brasileiros precisam, cada vez mais, de trabalho para garantir os seus estudos, uma vez que, comprovadamente, o ensino público acadêmico é para aqueles certamente privilegiados que puderam se preparar para o vestibular. E ainda, a grande maioria dos adolescentes está vendo os seus pais com 15 e 20 anos de emprego serem sumariamente demitidos.

É uma geração consciente de que os tempos atuais sinalizam que, paralelo ao estudo, o trabalho é a garantia de sobrevivência às intempéries dos acontecimentos. Estão atribuindo ao trabalho o seu valor essencial, buscando nele o seu crescimento pessoal e profissional. A "Geração Trabalho" está substituindo o conceito de um mero emprego pela plena consciência de que não dá para esperar a formatura para iniciar a sua busca por um lugar ao sol.

O valor para esta nova geração é reconhecer o trabalho como uma importante etapa para e pela vida.

Bibliografia

ALMEIDA, Emerson. *As empresas e a capacidade competitiva brasileira*. São Paulo: CIEE, 2000.

BELL, Daniel. *O advento da sociedade pós-industrial*. São Paulo: Editora Cultrix Ltda., 1973.

BENTO, Maria Aparecida Silva. *Ação afirmativa e diversidade no trabalho – desafios e possibilidades*. São Paulo: Casa do Psicólogo, 2000.

BRIDGES, William. *Um mundo sem empregos*. São Paulo: Makron Books, 1995.

CHIAVENATO, Idalberto. *Gestão de pessoas: o novo papel de recursos humanos nas organizações*. Rio de Janeiro: Campus, 1999.

CHIAVENATO, Idalberto. *Os novos paradigmas*. São Paulo: Atlas, 1996.

DOMENICO DE MASI, Franco Angeli. *A sociedade pós-industrial*. 3ª ed. São Paulo: Senac, 1999.

DEMING, William Edwards. *A nova economia para a indústria, o governo e a educação*. Rio de Janeiro: Qualitymark, 1997.

DRUCKER, Peter. *Sociedade pós-capitalista*. São Paulo: Pioneira, 1993.

DUTRA, Joel Souza. *Administração de carreiras*. São Paulo: Atlas, 1996.

EXAME. São Paulo: Abril, ano 34, nº 19, 20 set. 2000.

FRANCO, Simon. *Criando o próprio futuro*. São Paulo: Ática, 1997.

FRIEDMAN, Georges. *O trabalho em migalhas*. São Paulo: Perspectiva, 1972.

FRIEDMAN, Thomas. *O mundo é plano: uma bela história do século XXI*. Rio de Janeiro: Objetiva, 2005.

GREEN, Paul C. *Desenvolvendo competências consistentes*. Rio de Janeiro: Qualitymark, 1999.

KEEGAN, Warren J.; GREEN, Mark C. *Princípios de marketing global*. São Paulo: Saraiva, 1999.

KUMAR, Krishan. *Da sociedade pós-industrial à pós-moderna: novas teorias sobre o mundo contemporâneo*. Rio de Janeiro: Jorge Zahar, 1997.

LACERDA, Antonio Correa. *A globalização e a economia brasileira*. São Paulo: CIEE, 2000.

MACEDO, Roberto. *Seu diploma, sua prancha: como escolher a profissão e surfar no mercado de trabalho*. São Paulo: Saraiva, 1998.

MARTINS, Gilberto de Andrade. *Manual para elaboração de monografias e dissertações*. 2ª ed. São Paulo: Atlas, 1994.

MARTINS, Gilberto de Andrade; LINTZ, Alexandre. *Guia para elaboração de monografias e trabalhos de conclusão de curso*. São Paulo: Atlas, 2000.

MARTINS, Ives Gandra. *Uma visão do mundo contemporâneo*. São Paulo: Pioneira, 1996.

MINARELLI, José Augusto. *Empregabilidade*. 10ª ed. São Paulo: Gente, 1995.

MORGAN, Gareth. *Imagens da organização*. São Paulo: Atlas, 1996.

MORIN, Edgar. *A religião dos saberes: o desafio do século XXI*. Rio de Janeiro: Bertrand Brasil, 2001.

MORIN, Edgar. *Cultura de massas no século XX*. 3ª ed. Rio de Janeiro: Forense Universitária, 1999.

MOURA, Ana Rita de Macêdo; CARVALHO, Maria do Carmo Nacif. *Libere a sua competência*. Rio de Janeiro: Qualitymark, 1999.

MOURA, Laércio Dias; MARINHO, Nelson Janot; MOREIRA, Maria Martha Gomes de Matos R. M. *Construindo a cidadania*. São Paulo: Makron Books, 1995.

NISKIER, Arnaldo. *Novos rumos da educação brasileira*. João Pessoa: A União, 1999.

PASTORE, José. *O desemprego tem cura?* São Paulo: Makron Books, 1998.

PAULA, Ieda. *Do chão de fábrica à presidência: textos de apoio para pessoas e organizações*. Rio de Janeiro: Qualitymark, 1999.

POCHMANN, Marcio. *A batalha pelo primeiro emprego: as perspectivas e a situação atual do jovem no mercado de trabalho brasileiro*. São Paulo: Publisher Brasil, 2000.

POCHMANN, Marcio. *O emprego na globalização: a nova divisão internacional do trabalho e os caminhos que o Brasil escolheu*. São Paulo: Boitempo, 2001.

PRAHALAD, C. K.; HAMEL, Gary. *Competindo pelo futuro*. Rio de Janeiro: Campus, 1995.

RAMOS, Alberto Guerreiro. *A nova ciência das organizações? Uma reconceituação da riqueza das nações*. 2ª ed. Rio de Janeiro: FGV, 1989.

RIFKIN, Jeremy. *O sonho europeu*. São Paulo: Makron Books, 2005.

RUDIO, Franz Victor. *Introdução ao projeto de pesquisa científica*. Rio de Janeiro: Vozes, 1986.

SANCHIS, Enric. *Da escola ao desemprego*. Rio de Janeiro: Agir, 1997.

SANTOS, Rubens Rodrigues. *Uma visão de futuro*. São Paulo: Nobel, 1999.

SAVIANI, José Roberto. *Empresabilidade*. São Paulo: Makron Books, 1997.

SAVIOLI, Nelson. *Reflexões sobre o exemplo*. Rio de Janeiro: Qualitymark, 2005.

TENÓRIO, Fernando Guilherme. *Flexibilização organizacional, mito ou realidade?* Rio de Janeiro: FGV, 2000.

TOFFLER, Alvin. *A terceira onda*. Rio de Janeiro: Record, 1982.

VERGARA, Sylvia Constant. *Projetos e relatórios de pesquisa em administração*. 3ª ed. São Paulo: Atlas, 2000.

VERGARA, Sylvia Constant. *Gestão de pessoas*. São Paulo: Atlas, 2000.

VILLELA, Lamounier Erthal, Leôncio Juscelino. *As mudanças no conceito de capacidade empresarial – identificação de critérios para sua reavaliação*. Workshop ANPROTEC. Belém, 2000 – disponível em CD Room.

Outros Títulos Sugeridos

Gestão de Pessoas
Nas Micros, Pequenas e Médias Empresas
Para empresários e Dirigentes

Autor: Luis Paschoal
Formato: 16 X 23cm
Nº de páginas: 192

Sinopse:

A obra tem seu foco voltado para a essência da Gestão de Pessoas enquanto questão estratégica para a empresa, um desafio enfrentado pelos dirigentes. Para o autor empresários, chefes, colaboradores, enfim, todos que estejam envolvidos, fazem parte de um mesmo esforço e formam uma parceria natural. Essa forma de pensar foi validada pelos novos tempos e permeia todo o livro.

Trabalhar com pessoas e gerar lucros é o grande desafio do Gestor de RH. Por isso essa obra é recomendada para acadêmicos, profissionais de Recursos Humanos e de outras áreas que estejam diariamente atuando e gerenciando pessoas.

Os efeitos da boa Gestão de Pessoas nos resultados das empresas são inquestionáveis. O autor nos mostra que para obter excelentes resultados, faz-se necessário o envolvimento de corpo e alma de todos os colaboradores e para isso, adotar uma filosofia de trabalho e um conjunto de práticas consistentes é o primeiro passo.

OUTROS TÍTULOS SUGERIDOS

Estudo de casos

Para seleção e Treinamento de Recursos Humanos

Autor: Egildo Francisco Filho
Formato: 16X23cm
Nº de páginas: 180

Sinopse:

Escrita de forma simples e agradável, a obra conta histórias do dia-a-dia das organizações e apresenta de forma envolvente, algumas situações cotidianas experimentadas pela maioria das empresas.

Diante da dificuldade de encontrar materiais para a aplicação de Dinâmicas de Grupo em Seleção, principalmente de executivos e em treinamento pessoal, o autor Egildo Francisco Filho decidiu montar o Manual do Estudo de Casos e contribuir para o enriquecimento dessa literatura.

São 26 casos baseados em fatos, que possibilitam uma visão panorâmica, ao colocar o leitor dentro de cada situação. Como são de aspecto geral, todas as situações encontradas nos casos são aplicáveis aos diversos tipos de organizações e podem ser utilizadas nas dinâmicas de grupo, nos processos de seleção, nos cursos de treinamento, para uso de professores em cursos de Administração, Gestão de Recursos Humanos, Psicologia e outros. A obra contribui também como leitura para conhecimento e prevenção de problemas que ocorrem, ou que podem vir a ocorrer, nas empresas.

O método do caso adotado pelo autor é uma técnica de simulação que mostra a complexidade e a sutileza dos relacionamentos interpessoais. Trata-se de um livro voltado para todos os subsistemas de RH que foge ao formato original de abordagem dos temas.

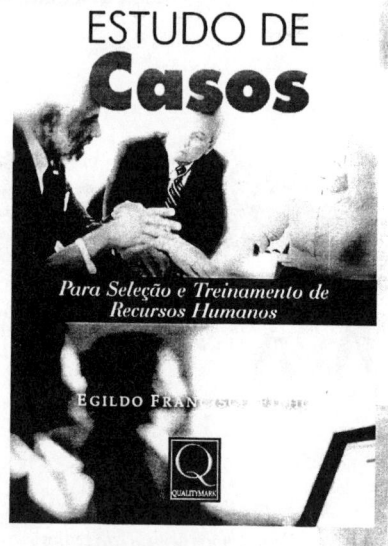

OUTROS TÍTULOS SUGERIDOS

O Poder da Iniciativa

Iniciativa, motivação, planejamento, criatividade, talento, oportunidades, ação, experimentação, empreendedorismo e vendas.

Autor: Edivan Silva
Formato: 16 X 23cm
Nº de páginas: 120

Sinopse:

Na obra *O Poder da Iniciativa*, Edivan Silva compartilha com o leitor seus passos rumo à organização e motivação, com o intuito de atingir e ultrapassar suas metas pessoais e profissionais.

Com histórias interessantes, exemplos e relatos, o livro encoraja a prática da iniciativa, do otimismo e de expectativas cada vez mais positivas em relação ao trabalho e a própria vida. Trata-se de uma exposição objetiva de idéias motivadoras que servem como combustível para o dia-a-dia.

A iniciativa é a marca registrada da excelência profissional. Ser capaz de corresponder às expectativas é uma virtude que precisa ser trabalhada, pois todo o trabalhador possui tal capacidade, porém poucos parecem demonstrar.

A obra é recomendada para todos que desejam ir além em sua trajetória profissional e que almejam contribuir efetivamente para o crescimento da organização e da comunidade a que pertencem.

Entre em sintonia com o mundo

QualityPhone:

0800-263311

Ligação gratuita

Qualitymark Editora
Rua Teixeira Júnior, 441 – São Cristóvão
20921-405 – Rio de Janeiro – RJ
Tel.: (21) 3094-8400
Fax: (21) 3094-8424

www.qualitymark.com.br
e-mail: quality@qualitymark.com.br

Dados Técnicos:

• **Formato:**	16×23cm
• **Mancha:**	12×19cm
• **Fontes Títulos:**	FuturaXBlkCnBT
• **Fontes Texto:**	NewBskvllBT
• **Corpo:**	11
• **Entrelinha:**	13
• **Total de Páginas:**	132

Impresso nas oficinas da
SERMOGRAF - ARTES GRÁFICAS E EDITORA LTDA.
Rua São Sebastião, 199 - Petrópolis - RJ
Tel.: (24)2237-3769